콘텐츠가 전부다

콘텐츠가
전부다

'콘텐츠 온리'의 시대
콘텐츠를 가진 자가 세상을 가진다

노가영, 조형석, 김정현 지음

서문

출근 전, 빛의 속도의 엄지질로 SNS피드를 내리다가 평소 눈여겨보던 인플루언서 피드에 노출된 식탁 조명에서 시선이 멈춘다. 그리고 해시태그(#)를 통해 브랜드를 확인하고 채 10초가 안 되는 시간에 탐 딕슨 Tom Dixon 온라인몰을 찾아 들어가는 지금, 우리가 이커머스 e-Commerce의 시대에 살고 있음을 부인할 이는 없을 것이다.

그런데 우리는 그 찰나의 순간에, 탐 딕슨의 디자인 철학을 논하거나 온라인 최저가를 검색하는 대신, 내가 팔로우하는 인플루언서의 콘텐츠에 의지한다. 즉, 그(녀)가 수년간 소셜 피드를 통해 내게 보여준 라이프스타일 스토리는 합리적 소비를 넘어서는 특별한 신뢰감이 전제되어 있는 것이다.

지난 가을, 필자는 호텔의 하우스키핑 서비스를 카피한 듯, 세탁물을 픽업해서 배달해주는 '1 Day 세탁상품'의 협찬 제안을 받은 적이 있다. 공인도 셀럽도 아니지만, 우연히 필자의 인스타그램에 접속한 사업자는 피드로 불리는 누적된 '나의 콘텐츠'에서 분주한 워킹맘의 일상, 습관, 가족 수와 자녀의 나이, 옷을 자주 바꿔 입는 듯한 취향과 경제적 수준을 함께 읽고 협찬 마케팅과 연결시킨 것이다. 이는 스타 마케팅이 아닌 콘텐츠 스토리를 읽는 (정말 그 제품을) '쓸 법한 사람'을 대상으로 한 마케팅이다. 이제 고객은 매년 수십억을 버는 한류스타가 저렴한 국산 화장품을 광고할 경우, 그 여배우가 진정 그 제품을 피부에 바를 것이라고 더 이상 믿지 않는다. 고객과 시대의 진화는 이커머스를 넘어 '콘텐츠=스토리'에 집중하는 '인스타 커머스'의 시대를 만들어가고 있다

그렇다면, 우리는 무엇을 콘텐츠라고 하는가?

"저 사람은 콘텐츠가 참 풍부해", "기업이든 상품이든 결국 콘텐츠가 있어야 성공하지"라는 말을 듣거나 하게 될 때 '콘텐츠'란 대체 무엇일까? 사전적인, 광의의 개념으로 콘텐츠란 정보나 스토리가 있는 모든 무형의 내용물을 뜻하겠으나, 본 책에서는 인터넷 기반의 미디어 디바이스에서 디지털 방식으로 유통되는 동영상·음악·게임·소셜 미디어상의 텍스트와 사진 등의 디지털 콘텐츠로 국한한다.

과거 (과거라 해도 불과 10여년 전) TV방송국마다 각사의 프로그램을 순차적으로 편성하며 시청률 올리기에 급급하던 시절이 있었다. 그러나 2012년 PC라는 온라인 미디어와 VOD Video On Demand의 개념이 등장하면서 본방 시청률의 의미는 퇴색했으며 이후 2015년 모바일 미디어들이 우후죽순 쏟아져 나오며 바야흐로 플랫폼 전쟁이 시작되었다. 물론 당시에도 미디어 전문가들은 "플랫폼의 시대는 끝났다", "이제 콘텐츠

의 시대가 올 거다", "Contents is a King"이라는 썰을 풀었으며 넷플릭스, 아마존 프라임 비디오 등 앞서가는 플랫폼들은 막대한 재원을 콘텐츠에 투자했다. 그러나 당시 고객들은 내게 주어진 한정된 시간에 희소한 오리지널 콘텐츠를 소비하기보다는 당장 봐야 하는 보편적인 콘텐츠에 우선 순위를 두었고, 플랫폼 입장에서도 가입자 확대와 즉각적인 상관관계가 낮은 콘텐츠에 승부를 걸기엔 규모의 경제에 한계가 있었다. 최소한 한국 시장에서는 말이다.

그런데 지금 시장이 움직이고 있다.

동영상 콘텐츠를 제공하는 전통적인 미디어플랫폼 외에도 음악·게임·소셜미디어 사업자들까지 양질의 콘텐츠를 독점으로 제공하는 나만의 콘텐츠, 즉 "오리지널"에 집중하고 있으며 다수의 미디어 공룡 기업들은 몸값 높은 콘텐츠 전문가들을 기꺼이 모셔가고 있다.(애플은 온라인 스트리밍 시장 공략을 위해 소니픽쳐스 텔레비전의 흥행PD인 제이미 얼리크트Jamie Erlicht와 잭반 앰버그Zack Van Amburg를, 카카오M은 CJ ENM 김성수 대표를 영입했다.) 그리고 이 같은 고객의 가치 이동에 발맞춰 미디어플랫폼, 소셜미디어·자동차·금융·스마트홈 사업에 이르기까지 '너도나도 갖고 있는 콘텐츠'가 아닌 '나만이 실어 나르는 콘텐츠'를 어떻게 담아낼까 치열한 사투를 벌이는 중이다.

돌이켜보면, 필자의 대학시절에는 취미 란에 '영화', '극장가기'를 기입하던 이들이 있었다. 당시만 하더라도 TV에선 지상파 채널 서너 개 만을 시청할 수 있고, 극장에서 영화를 본다는 건 상당한 수고스러움을 보태야 하는 활동이었다. 그런데 지금은 어떠한가? 소개팅에서

20대 여대생이 상대방에게 "취미가 뭐죠?"라고 물었는데 "영화 관람이 요"라는 대답을 했다면 그는 이미 그녀에게 한수 꺾인 것이다. 이제 내 손안의 TV인 스마트폰엔 음악, 웹툰, 뉴스, 쇼핑은 물론이고 5G 네트 워크의 상용화와 넘쳐나는 미디어 서비스들로 이제 '콘텐츠'는 우리의 일상이다.

근대시대 이후 인류의 역사를 발전시켜 온 원동력은 소수가 누리 던 사치품들이 대중의 필수품으로 자리잡아가는 지난한 흐름이라고 해석해도 무방할 것이다. 과거 유럽에서 후추는 같은 무게의 금보다도 값비싼 사치품이었으며, 육두구, 정향 같은 향료를 구하는 과정에서 식 민지와 제국주의 시대가 열렸다고 해도 과언이 아니다. 지금은 고개를 갸우뚱할 일이지만 당시 후추를 음식에 뿌린다는 건 금가루를 음식에 뿌리는 것에 비유됐으며 고춧가루 역시 마찬가지였다.(《조선왕조실록》에 는 반대 정파의 고관이 배추김치에 고춧가루를 넣는 사치를 했다는 사유로 상소 문을 올린 일화도 있다.) 시쳇말로, '엔터테인먼트'라고 불릴 법한 동서양 의 고전 유흥문화인 18세기 모차르트의 피아노 운율이나 조선 중기 황 진이의 소리도 당시에는 귀족 계층만이 향유하던 고급 콘텐츠였다. 지 금이야 보편화된 고추장과 고춧가루처럼, 오늘날의 콘텐츠는 TV와 라 디오의 등장으로 일상화되었고 스마트폰의 대중화와 네트워크, 디바 이스의 고도화는 TV와 라디오와 신문과 극장을 주머니 속에 넣고 다 니는 것과 마찬가지의 편리함과 속도를 더해주었다. 이렇듯 소수층만 의 전유물인 사치품이 대중들의 필수품이 되어가며 그렇게 인간의 역 사는 흐르고 문명은 발달해왔다.

근대 이전 인간을 지배한 활동이 배고픔Hunger으로부터의 탈피였다면 현대 이후의 인간은 취향Taste에 지배된다. 이는 곧 개인의 취향과 기호가 현대 사회를 움직이는 동력이 된다는 것을 의미하기도 한다. 과거 귀족들의 전유물이던 커피가 이제 현대인의 일상이 되었고, 병원이나 은행에서 마시는 믹스 커피를 제외하자면 우리는 남녀노소의 구분이 아닌 스타벅스, 폴바셋, 블루보틀 등의 브랜드나 원두의 품종으로 개인의 취향을 구분한다. 콘텐츠 역시 동일하게 개인화되고 있다. 주도면밀한 마케터들이 지구상에 영화나 음악같은 콘텐츠만큼 개인의 기호나 취향을 여실히 드러내는 프로덕트는 없다고 하는 것은 이러한 맥락에서다.

이 책에서 저자들은 각양각색의 미디어 산업에서의 디지털 콘텐츠를 순차적으로 들여다봤다.

2장 OTT의 경우, 전문가들이 "모두가 좋아하는 이야기(콘텐츠)를 가진 플랫폼이 최후의 승자가 될 것"이라고 예견했듯이 새로움은 필요하나, 소수만을 만족시키는 콘텐츠는 스쿠프Scoop(특종) 오리지널이 될 수 없음을 경고한다. 이와 더불어 2020년 눈앞에 닥친 스트리밍 왕국 넷플릭스와 콘텐츠 왕국 디즈니의 OTT 한판 승부의 관전 포인트가 무엇인지 설명한다.

3장 유튜브에서는 하나의 콘텐츠를 또 다른 크리에이터 집단들이 2차, 3차, 4차로 파생시키며 전 세계의 사용자들이 남기는 흔적과 콘텐츠 추천 알고리즘으로 유튜브의 콘텐츠 세상이 무한 재확장되는 패러다임을 설명했다. 유튜브는 지금의 WWW 시대에서 연쇄적으로 파생되는 콘텐츠와 사용자들이 매일 남기는 800억 개 이상의 흔적들로 CCW<small>Contents Creating Web</small>의 시대를 만들어가고 있다.

4장 소셜미디어에서는 2019년 사용 점유율이 29%로 하락한 페이스북을 추월하며 현재 매월 10억 명이 사용 중인 인스타그램의 성장세를 논한다. 이어 한국시장에서 인스타그램 사용자의 92%가 인스타그램에서 제품을 접한 후 구매 행동을 취한다는 행태를 기반으로 먹스타그램을 지나 커머스 플랫폼과 생활 포털로 진화 중인 인스타그램을 '콘텐츠 스토리가 커머스에 더하는 힘'으로 설명했다.

5장 게임 산업은 e스포츠의 성장과 게임 스트리밍 그리고 클라우드 게임을 집중적으로 다룬다. 스트리머의 등장으로 '게임을 본다'라는 새로운 시장의 르네상스가 펼쳐졌으며 게임 스타의 플레이가 유튜브와 트위치를 통해 전 세계로 생중계되는 새로운 게임 문화가 등장했다. 과거 옆자리에 앉아 바둑 훈수를 두거나 오락실에서 어깨 넘어 구경하던 모습이 디지털 플랫폼을 등에 업고 '보는 게임'의 역사를 시작하는 모양새다. 결국 게임시장의 성패 역시, '한다'와 '본다'의 이슈가 아닌 킬러 콘텐츠이며 특히 2020년 주목 중인 클라우드 게임의 상용화 역시 콘솔게임 시장이 정착하지 못한 국내 시장의 경우에는 모바일 게임의 킬러 IP가 클라우드 게임으로 커스터마이징되어 개발되는 것이 핵심일 것이다.

6장 음악 부문 역시 스트리밍이 대세가 된 음악 산업의 이야기로 시작한다. 불법 복제와 유통으로 침체를 겪던 음악 산업은 2015년 음원 스트리밍의 본격적인 확산으로 성장세에 들어서나 싶더니, 그 사이 소비행태의 변화와 멀티 태스킹이 가능한 음악의 특수성으로 게임, 영상에 이르기까지 연관 콘텐츠 간 합종연횡을 시작하고 있다. (이미, 2018년 스포티파이는 훌루Hulu와 손잡고 결합 상품을 출시하는 등, 이종 서비스간 결합이 본격화될 것으로 보인다.) 음악을 듣는 행태가 유튜브로 모아지면서 음악은 이제 '듣는' 음악에서 '보는' 음악이라는 새로운 트렌드가 생겨났고, 관련하여 음악 산업 전반에 걸친 유튜브의 막강한 영향력과 이에 미치지 못하는 음악 산업에의 기여도가 논의된다.

7장은 오디오 콘텐츠의 또 다른 축으로 꿈틀거리고 있는 팟캐스트를 다룬다. 2019년 9월 25일은 국내 13개 방송사가 모여 티팟Tpod 이라는 팟캐스트 연합 플랫폼 출시를 발표한 날이다. 이 같은 '듣는 TV'의 태동과 네이버, 아프리카TV, 유튜브를 축으로 세력을 확장 중인 팟캐스트는 기존 사랑방 컨셉의 토크쇼와는 별도로 영상 콘텐츠 대비 저비용 구조인 제작비로 스토리 중심의 드라마틱 콘텐츠가 탄력을 받고 있다. 관련하여 '팟캐스트의 넷플릭스'를 꿈꾸는 루미나리Luminary의 행보는 본문에서 자세히 다뤘다. 동영상 중심의 글로벌 OTT를 바짝 쫓아 콘텐츠 IP에 집중 중인 팟캐스트 군단의 세력이 라디오 전성시대로의 회귀인지 중흥일지 지켜봐야 할 것이다.

마지막으로 이런 콘텐츠들이 우리 일상에 스며드는 데 기술Tech을 빼고 상상할 수는 없기에(18세기 헨델의 오페라가 제 아무리 아름다움의 정점을 찍었다 한들, 당시 돈과 시간 그리고 공간적 접근성이 없는 계층이 접했을 리는 만무하므로) 콘텐츠를 연결하고 재창조하는 기술의 진화를 실감형 미디어와 5G, AI를 중심으로 논하였다. 작금의 우리는 콘텐츠 진화의 필요충분조건인 기술과 함께 시공간의 한계를 넘어 디지털 콘텐츠를 맘껏 즐기고 있으니 말이다.

《콘텐츠가 전부다》는 콘텐츠만을 이야기하지 않는다. 미디어 플랫폼과 디지털 콘텐츠 산업을 포함한 광의의 디지털 문화산업에서 콘텐츠는 왜 지금 KSF Key Success Factor이며, 우리가 이를 도외시할 때 무엇을 잃고 얼마나 도태하게 될 것인지를 경고함과 동시에 이제 사업자들은 무엇을 누구와 어떻게 준비해야 하는지를 말한다. 사실 말로만 '콘텐츠가 왕'이라던 시대가 있었으나 콘텐츠만으로 돈 버는 것이 힘들자 '콘텐츠 버블 신드롬'을 뒤로 한 채 이 전쟁터에서 하나 둘씩 나가 떨어졌다. 그러나 쏟아져 나오는 미디어플랫폼의 홍수 속에서 고객들은 뻔한 콘텐츠에 다시 지쳐갔고 이제 나와 맞는 콘텐츠와 여기에만 있는 콘텐츠를 제공하는 플랫폼에 돈을 쓴다.

그럼에도 여전히 하나의 콘텐츠가 플랫폼을 흔들지는 않는다. 오리지널 콘텐츠가 연이어 고객과 소통하며 티핑포인트가 될 때, 이들이 군집화되어 플랫폼이 콘텐츠 그 자체가 되고(Platform is contents itself) 고객이 플랫폼과 콘텐츠를 동일시할 때, 비로소 고객은 플랫폼을 갈아타고 이는 산업을 움직이며 수십 조 이상의 밸류를 창출한다는 것을 넷플릭스는 가장 먼저 보여줬다.

바야흐로 '콘텐츠 온리'의 세상이다. 지금 이 시대가 오기까지 동영상, 음악, 게임, 팟캐스트, 소셜미디어 그리고 뉴미디어 기술까지 디지털 콘텐츠의 생산과 유통 전략은 어떻게 진화하고 있으며 지금 우리는 무엇을 준비해야 하는가? 저자들은 이를 위한 정답이 아닌 길을 제시하기 위해 지구 아래 모든 산업들 중에서 가장 말랑말랑한 '콘텐츠'를 한 장 한 장 책장을 넘길 때마다 뒷장의 썰이 궁금하도록 풀었기에, 독자들에게 가장 편안하고 대중적인 트렌드서가 될 것임을 의심치 않는다.

콘텐츠가 중요하던 시대는 이제 끝났다. 콘텐츠가 전부인 지금 살아남아라. Contents is Everything!

2019년 끝자락, 이태원 맥심 플랜트에서
대표저자 노가영

차례 ◖◗

Chapter 3

하루 10억 시간의 위용
콘텐츠 영토의 무한확장, 유튜브 제국

Chapter 4

소셜 미디어 콘텐츠는
당신이 아닌 당신의 스토리

CHAPTER 1

이제 '콘텐츠 온리'의 시대다

- 고객 가치의 이동과 움직이는 시장, '이제 콘텐츠다!'
- 우리는 무엇에 시간을 지불하는가
- 어떤 고객들을 어떻게 공략할 것인가

제이플라뮤직 J.Fla Music 가수 제이플라 J.Fla가 운영하는 유튜브 채널. 특유의 포니테일 헤어스타일로 팝 장르를 커버하며 폭발적인 인기를 얻음. 매주 금요일에 유튜브 채널에 영상 콘텐츠를 게시하며 현재 1,400만 명의 구독자를 보유하고 있다.

정성하 Jwcfree 11살 때부터 유튜브에 기타 연주 영상을 올리기 시작한 기타 신동. 2010년 조회 수 1억 건을 넘어섰으며 제이슨 므라즈 Jason Mraz의 히트곡인 'I'm Yours'를 연주하는 영상을 올린 후, 실제로 제이슨 므라즈가 정성하와 함께 공연을 하면서 더욱 유명해졌다. 현재 604만 명의 구독자를 보유하고 있다.

이노베이터 Innovator 새로운 제품을 가장 먼저 소비한다는 자체로 즐거움을 얻는 집단. 실용적인 편익에는 관심이 없으며 제품의 희소성과 창조성 등, 차별화된 프리미엄 이미지를 취하는 혁신 수용자를 의미한다.

얼리 어답터 Early Adopter 이노베이터의 속성은 갖고 있으나 새로운 제품을 단기에 취하고 사용성 평가를 내린 뒤 제품의 정보를 전파하는 집단. 이노베이터보다 소신과 가치 기준으로 제품을 소비하는 경향이 강하다.

얼리 머저러티 Early Majority 평균 수용자보다 약간 먼저 신제품을 사용하는 조기 다수 수용자 집단으로 편의성과 보편성을 중요시함. 초기 유행에 민감하게 반응하는 대중적인 고객군

레이트 머저러티 Late Majority 신제품이 필요하다고 느낄 때에도 채택하는 데 회의적인 시각을 갖는 후기 다수 수용자 집단. 주변 대다수가 수용하고 난 뒤에 어쩔 수 없이 제품을 구매하는 성향을 보인다.

레거드 Laggards 소셜 신드롬이 형성되고 나서야 비로소 움직이는 이들로 웬만해서는 새로운 상품에 반응하지 않는 고객

포-쿼드런트 Four-Quadrant 네 가지 방향의 관객, 즉 남성과 여성, 25세 미만과 그 이상의 연령층을 모두 사로잡을 수 있는 남녀노소가 모두 좋아하는 콘텐츠를 의미한다.

고객 가치의 이동과
움직이는 시장, '이제 콘텐츠다!'

콘텐츠를 만들기 위해서는 여하튼 돈이 필요하다. 시장의 재원은 한정적인데 크리에이터(창작자)는 늘 넘쳐나기 마련이다. 또한 콘텐츠가 흥행하기보다 속된 말로 망하는 경우가 빈번했기에, 우리 시장은 늘 콘텐츠를 생산할 수 있는 재원을 보유한 투자자가 '갑'이 되고 우선인 생태계였다. 필자 역시, 콘텐츠를 생산하는 기업이 아닌 투자 활동을 하는 미디어 · 엔터테인먼트 유통 기업이나 통신 기업의 구성원이었기에 대한민국의 미디어 판은 언제나 우리, 돈을 쥐고 있는 사업자를 중심으로 돌아가고 있다고 믿었다.

그러던 시장이 조금씩 움직이고 있다. 거창한 투자 · 유통 기업의 재원을 더 이상 필요로 하지 않는, 유튜브라는 크리에이터 중심의 플랫폼이 등장함과 동시에 빠르게 시장을 재편하고 있는 것이다. 대도서관, 양땅, 영국남자가 활개를 치던 유튜브는 이제 제이플라뮤직*, 정성하*처럼 콘텐츠 장르가 음악이나 일상으로 확장되며 연간 10억 원대 이상의 수입을 올리는 갓튜버God + Youtuber들을 꾸준히 양산하고 있다. 실제 수치로 검증해보더라도 국내에서 유튜브 구독자 수 상위 30개 채널은 게임(7개), 음악(5개), 일상(5개) 순위로 나타난다.

2018년과 2019년 미디어 업계를 뜨겁게 달궜던 드라마 〈미스터 션샤인〉, 〈알함브라 궁전의 추억〉, 〈호텔 델루나〉 등을 제작한 스튜디오 드래곤은 또 어떤가? 손에 잡히는 제조품도, 전국에 깔려 있는 네트워크 자산도 없이 오로지 작가와 감독만으로 구성된 이 제작사가 일부 통신사들의 주가를 추월한 지는 이미 오래고 현재는 2조 원이 훌쩍 넘는 시가총액을 기록 중이다. 신흥 문화제국이라는 이 회사의 핵심 가치는 바로 콘텐츠 지식재산권IP, Intellectual Property이다. 2017년 11월 기업공개를 마친 스튜디오 드래곤은 작가와 감독의 크리에이터 패키지만으로 상장에 성공하는 기염을 토했다. 그러나 540억 원이 투입된 〈아스달 연대기〉 등, 몇몇 작품이 기대 이하의 성적을 거두자 주가가 휘청거리면서 오롯이 흥행 콘텐츠의 연속성에 의존하는 스튜디오 성장 모델의 한계를 보여주기도 했다.

카카오의 콘텐츠 계열사이자, 우리에겐 멜론이라는 음원 서비스 플랫폼으로 더 친근한 카카오M(2018년 8월 카카오로 흡수합병)의 행보는 이보다 한발 더 앞서간다. 2018년 이후 카카오M은 대형 매니지먼트사인 BH엔터테인먼트(이병헌, 김고은 소속), 숲엔터테인먼트(공유, 공효진 소속), 제이와이드컴퍼니(김태리 소속), 어썸이엔티(박서준 소속)의 지분

확대와 인수 합병을 통해 이들과 전략적 제휴 체계를 구축했다. 향후에 멜론을 모회사인 카카오로 흡수시키고 별도의 콘텐츠 전문 법인을 출범할 예정이다(참고로 유튜브의 K팝 동영상 채널인 원더케이[1the K] 역시 카카오M의 브랜드다). 카카오M은 2019년 6월 유상증자를 마무리하고 수년 내 기업공개를 앞두고 있는데, 투자은행 업계에서는 상장시 시가총액이 SM엔터테인먼트(총 7,200억 원)를 넘을 것이라는 예측도 내놓았다. 즉, 카카오그룹은 플랫폼에서 콘텐츠로의 영역 확장을 넘어, 콘텐츠 생산의 축이 되는 한류스타 군단을 확보해 기획·제작·유통까지 망라하는 콘텐츠 산업 전 분야로 밸류 체인[Value Chain]을 형성하는 행보를 이미 시작한 것이다.

해외 시장은 어떠한가? 고객에게 늘 새로운 가치를 가장 빨리 파격적으로 제공해 온 미국의 3위 통신사 T-모바일은 지난 5년간의 음성·문자 무제한 제공, 스마트폰 업그레이드, 데이터 무료 정책을 뒤로하고 현재는 40달러 이상의 요금제(Magenta Plan 기준)에 넷플릭스 스트리밍 서비스를 포함해서 제공하고 있다. 즉, 특정 요금제의 혜택이 커뮤니케이션, 디바이스, 데이터 제공을 거쳐 콘텐츠의 차별적 제공으로 귀결된 것이다. 이를 통신사[Mobile Carrier]의 기존 전략들과는 다르다는 의미에서 언캐리어[Uncarrier] 전략이라고 부른다. 이 같은 T-모바일의 콘텐츠 차별화 전략은 월스트리트의 예측치보다 50% 높은 가입자 순증 효과로 이어졌으며, T-모바일은 2018년 통신사 고객 만족도 조사에서도 1위를 차지했다. 이와 유사한 전략으로, 미국 최대의 이동통신사인 버라이즌[Verizon] 역시 무제한 모바일 요금제 가입자(신규 가입자뿐 아니라 기존 가입자 포함)에게 2019년 11월 출시한 디즈니의 OTT서비스인 디즈니 플러스의 1년 무상 제공을 시작했다. 버라이즌의 모바일 고객 중 50% 이상(5천만 명 이상)이 무제한 요금제에 가입되어 있고 인터넷 상품 고객까지 포함한다는 점을 감안하면 금액적인 혜택도 상당하다. 여기에서 넷플릭스와 디즈니플러스가 제공하는 고객 가치는 두말할 필요 없이 콘텐츠다.

플랫폼을 밀어내는 콘텐츠의 힘

2019년은 (누가 뭐라 해도) 디즈니 천하의 세상이다. 〈어벤져스: 엔드 게임〉은 한국 시장에서 1,400만 명을 동원했고, 미국에서는 박스오피스 8억5천만 달러로 역대 영화 매출 2위에 올랐다. 이후에도 〈캡틴 마블〉과 〈토이 스토리 4〉의 흥행이 이어졌고 〈알라딘〉과 〈라이온 킹〉의 실사 영화도 전력 질주하더니 2019년 12월 〈겨울왕국2〉로 전세계 극장을 점령했다.

이렇듯 디즈니 대작 콘텐츠들의 연이은 흥행은 국내외 극장과 유료방송 TV플랫폼 사업자들간의 시너지 효과를 내며 플랫폼들을 좌지우지하고 있다. 물론, 현재의 디즈니 제국은 2005년 부임한 CEO 밥 아이거Bob Iger의 공격적인 M&A를 통해 완성되었지만, 하나의 콘텐츠 IP가 온·오프라인 유통 채널과 잡지, 만화 등의 인쇄매체를 넘나들며 비즈니스가 확장되는 구조는 창업주인 월트 디즈니Walt Disney가 그리던 그림과 다르지 않다(단, 콘텐츠 IP의 핵이 극장용 필름 영화에서 출발했다는 점은 지금과 다르다). 즉, 생전의 월트 디즈니가 콘텐츠 IP의 수직화 전략

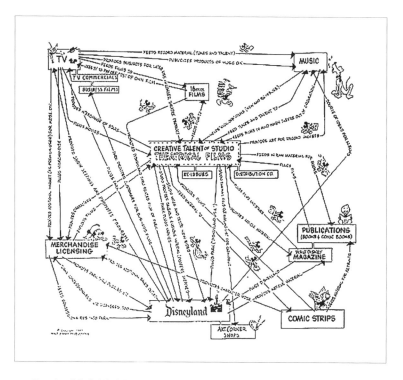

● 월트 디즈니가 생전에 남긴 기업 성장이론 흐름도. 일명 '디즈니 레시피'라고 부른다.

을 수립했다면, 밥 아이거는 공격적인 인수합병을 통해 콘텐츠 IP의 수
평적 확장과 시장 영향력을 견고히 다진 것이다. 위 그림은 1966년 작
고한 월트 디즈니가 쪽지에 그린 것으로 현재 디즈니는 이를 지속적인
성장을 위한 기업 이론Corporate Theory of Sustained Growth, 일명 '디즈니 레시피
Disney Recipe'라고 부른다.

　　1957년 공개된 이 쪽지는 얼핏 복잡해 보이나, 극장용 필름 영화
의 캐릭터 자산이 음악, 출판, TV, 머천다이징 등 다양한 엔터테인먼

트 산업에 부가가치와 시너지를 창출하며 성장하는 모델을 지향하고 있다. 현재 디즈니 산하의 무수한 콘텐츠의 규모화가 결국 유통 채널의 확장에 폭발적으로 기여하고 있으니 밥 아이거의 M&A 추진 전략 역시 결과론적으로는 이 모델을 따른 것으로 귀결된다. 결국 디즈니는 한 장의 디즈니 레시피 쪽지에 따라 지난 60여 년간 한 방향으로 진화해왔으며 고객 가치와 시장이 움직이는 지금, 최대 수혜를 받는 콘텐츠 제국으로 완성되어가는 중이다.

사업자들의 이 같은 움직임은 무엇을 의미하는가? 이는 곧 고객 가치의 이동을 뜻하며 동시에 미디어산업의 생태계가 플랫폼이 주도하던 판에서 콘텐츠가 주도하는 판으로 흐를 것임을 예고하는 것이다. 그렇다고 해서 플랫폼이 소외되거나 열위가 되지는 않을 것이나, 이제는 콘텐츠의 차별화가 플랫폼을 결정하며 콘텐츠가 더 이상 플랫폼의 부속품이 아닌 독립적인 사업 모델이 됐음을 뜻한다. 또한 더 나아가 양질의 콘텐츠를 다량으로, 즉 '집단화된 콘텐츠 IP'를 소유한 자가 곧 플랫폼과 시장을 이끌어나가는 시대가 왔음을 의미한다. 이는 2장에서 자세히 설명될, 디즈니가 넷플릭스와 경쟁할 OTT 스트리밍 서비스를 직접 출시하는 것과도 동일한 맥락이다.

이러한 시장의 흐름을 어떻게 해석할 것인가? 다수의 미디어 전문가들은 수십 가지의 논리를 들이밀 것이나 필자는 이를 크게 수요 · 공급론과 콘텐츠 민감층의 확장 때문으로 본다. 2010년 PC 중심의 디지털 세상이 열리면서 콘텐츠 사업자들은 온라인 서비스를 직접 출시하기 시작했다. 2015년 모바일 미디어 시장이 본격화되면서 모바일 앱 기반 서비스들의 과잉 공급과 범람하는 1인 미디어 플랫폼들로 사실상 이의 가짓수를 세는 것은 불가능해졌다. 수요 대비 공급이 넘치는 이러한 환경은 플랫폼들에게 생존을 위한 콘텐츠 차별화를 요구했고, 이에 따라 콘텐츠 IP의 규모화와 창작자 집단만으로 기업과 빅딜^{Big Deal}을 하거나 거대 자본의 유치까지 가능해진 것이다. 이렇게 콘텐츠의 규모와 창작자들의 경쟁력이 기업의 가치를 좌지우지할 수 있는 시대가 열렸다.

또한 콘텐츠 민감층의 확장은 콘텐츠를 집중적으로 시청하거나 과거의 보편화된 콘텐츠 대비 본인의 취향에 따라 자주적으로 시청하는 고객층이 확장되었다는 의미다. '콘텐츠 이노베이터*'와 '콘텐츠 얼리어답터*'로 구분되는 이 같은 콘텐츠 민감층의 정의와 속성은 본 장의 '어떤 고객들을 어떻게 공략할 것인가'에서 자세히 설명할 예정이다.

이 책은 이러한 시장의 움직임과 고객 가치의 이동을 글로벌 ICT 기업들의 행보, 콘텐츠 기업들의 전략과 서비스들의 흥망성쇠 그리고 이 중심에 있는 고객의 소비행태를 중심으로 풀어갈 것이다. 그리고 필자는 이를 '콘텐츠 온리'의 시대로 명명하고자 한다.

우리는 무엇에
시간을 지불하는가

우리는 무엇에 시간을 소비하고 왜 돈을 지불하는가? 재미있고 좋은 콘텐츠에 나의 시간과 돈을 쓴다고? 누가 봐도 틀린 말은 아니지만 식상하다. 그렇다면 역으로 플랫폼 사업자들의 태도에서 출발해보자.

2015년 이후 유튜브를 포함한 대다수의 모바일 미디어들은 손익에 개의치 않고 "당신의 시간을 나의 공간에서 소비해주기만 하면 모든 것을 제공해주리라"는 신념을 갖고 있음이 확실해 보인다. 사용자가 유튜브와 스포티파이에서 시간을 소비할수록 이들은 광고를 팔고 동시에 우리의 방문 기록과 시청 흔적들을 수집·분석하면서 새로운 판을 짤 수 있기 때문이다.

사용자는 늘 재미있는 콘텐츠를 더 싸고 편리하게 제공하는 공간으로 이동한다. 심지어 그 재미있는 콘텐츠가 다른 곳에는 없고 오직

이곳에서만 볼 수 있다는 희소성이 더해진다면 더할 나위 없다. 유튜브와 넷플릭스는 바로 이 3가지 조건을 완벽히 충족시킨다. 여기에 넷플릭스는 '구글링'이 검색이라는 단어와 동의어로 쓰이게 된 것처럼, 이제 프리미엄 콘텐츠 시청을 대표하는 고유명사로 통용되고 있다.

그렇다고 해서 모든 콘텐츠가 무료로 제공되는 것은 아니다. 여전히 콘텐츠 소비에는 돈이 든다. 그러나 지금 시청만 해주면, 즉 머물기만 해도 '왕' 대접을 해주는 플랫폼들이 넘쳐나고 있다. 이는 역으로 사용자들이 본인의 데이터를 제공해주고 시청이라는 혜택을 받는다는 것을 의미한다. 이 책의 4장에서 자세히 다루겠지만, 소셜미디어 서비스들은 그 어떤 포스팅도 하지 않는 게으른 사용자들마저도 환영한다.

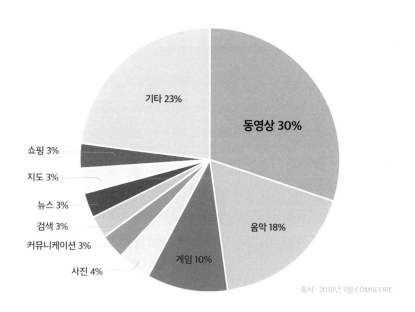

〈콘텐츠 유형별 모바일 앱 사용 시간 비중〉

동영상 30%

기타 23%

음악 18%

게임 10%

사진 4%

커뮤니케이션 3%

검색 3%

뉴스 3%

지도 3%

쇼핑 3%

출처 : 2018년 7월 COMSCORE

● 미디어 콘텐츠 소비에서 압도적인 비중을 차지하는 것은 단연 '동영상'이다.

단지 플랫폼에 들어와서 흔적만 남겨도 그것이 유의미한 데이터가 될 수 있기 때문이다. 동영상을 어디까지 보다가 더 이상 안 봤는지, 얼마나 오래 서비스를 사용하지 않았다가 다시 사용했는지 등도 소중한 정보로 활용된다. 이토록 '왕' 대접을 받을 수 있는 플랫폼들이 넘쳐나는데도 불구하고 이 호의적인 서비스들에 잠시라도 들르기 힘든 이유는 우리의 시간이, 엄밀히 말해 우리가 콘텐츠를 소비할 수 있는 시간이 한정적이기 때문이다. 하루는 24시간이고 우리의 시간은 일(8시간)과 수면(8시간) 그리고 기타(8시간)로 나뉘어져 있다고 볼 때, 콘텐츠를 소비할 수 있는 시간은 매우 파편화되어 있다. 이 시간을 놓고 벌이는 치열한 경쟁구도 속에서 현재 승자는 단연 '동영상'이다. 전체 모바일 앱 사용시간의 30%(2018년 기준)도 입이 벌어질 정도인데, 이 수치가 2019

년 55%까지 올랐다고 하니 동영상 소비의 가속 페달은 아무도 멈출 수 없을 것으로 보인다.

한국에서 론칭할 당시 넷플릭스의 CEO 리드 헤이스팅스는 "우리는 페이스북의 포스팅과 경쟁 중이다"라고 말했었다. 그러나 바로 그 다음해 그는 다시 이렇게 고쳐 말했다. "우리는 지금 고객의 잠(수면)과 경쟁중이다." 고객의 시간을 더 많이 점유하기 위한 전쟁의 서막을 알리는 말이 아닐 수 없다.

어떤 고객들을
어떻게 공략할 것인가

시청하는 사람이 없는 콘텐츠는 무의미하다. 장르, 결제 방식, 길이와 포맷 등에 따라 지구상의 콘텐츠가 다양한만큼 고객층도 다양하다. 그렇다면 콘텐츠를 유료로 시청하는 고객 집단은 어떻게 구분되고 어떤 특성을 보이는지, 반면 무료 시청을 즐기는 집단은 어떻게 활용해야 하며 어느 정도의 잠재성을 가졌는지 알아보자.

　콘텐츠 시청 집단을 분석하기 위한 방법은 다양하겠으나, 필자는 《어린 왕자》에 나오는 코끼리를 삼킨 보아뱀 그림을 약간 변형하고, 여기에 미국의 사회심리학자인 에버렛 로저스Everett Rogers의 상품 수용 주기와 사회 문화적 담론을 함께 적용해보았다. 대한민국은 물론이고 전 세계로 시장 범위를 넓히더라도 가장 대표적인 유료 콘텐츠 상품은 영화와 음악이다. 안타깝게도 TV 방송물의 경우, TV만 틀면 나오던 오래

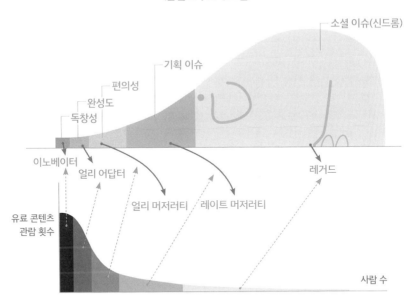

〈콘텐츠 수요자 모델〉

전의 지상파 채널에 길들여진 탓인지 혹은 포털과 유튜브의 친절함 때문인지 상대적으로 무료로 볼 수 있다는 인식이 강하다. 기존 로저스의 모델은 고객을 전체 상품의 수용 속도로 구분했지만, 필자는 이를 콘텐츠 수요 모델로 특화하기 위해 상대적으로 돈을 지불하는 유료 콘텐츠로 정착된 영화를 우선시하여 분석하겠다.

콘텐츠 소비의 다섯 가지 유형

콘텐츠도, 디바이스도, 자동차나 가전제품까지 어떤 산업에서든 이노베이터 소비자들이 존재한다. 이들은 콘텐츠나 상품이 시장에 공개되기 전부터 이를 인지하고 있으며 공개 즉시 시청(구매)하여 본인의 것으로 소화해야 직성이 풀리는 혁신 수용자다. 영화를 예로 들자면, 2019년 칸 영화제 감독상 수상작인 다르덴 형제 감독의 작품 〈영 아메드〉를 전국에서 몇 안 되는 상영관을 찾아 상영 시간에 맞춰 티켓 값을 온전히 지불하고 관람하는 사람들이 이 집단에 속한다. 이들은 대한민국 전체 소비자의 0.5%가 채 안된다(참고로, 봉준호 감독의 〈기생충〉을 제외하고 2019년 칸 영화제 수상작들의 국내 개봉일은 미정이다). 20만 명 이내

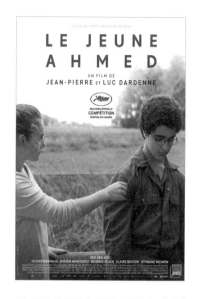

2019 칸 영화제 감독상 수상작인 〈영 아메드〉. 몇 안 되는 상영관을 수고롭게 찾아가 이 영화를 보는 이들이 바로 '이노베이터'다.

의 소수인 이들은 본인이 해외 영화제의 수상작을 가장 먼저 인지하고 관람하는 것에 자부심은 있으나 남들이 알아주는 것에 그다지 큰 의미를 두지 않는다. 속된 말로 압도적인 덕후들이다. 이들에게 콘텐츠는 독창적이고 희소성이 있어야 하며, 여기에 더해 프리미엄한 가치가 있어야 한다.

음원으로 확장해보자. 가수가 연습생일 때부터 팬덤 활동을 시작하고 이후 아이돌로 공식 데뷔하면 출시일에 맞춰 디지털 음원을 구매하는 것은 기본이요, 전략적으로 쉬지 않고 스트리밍하며 차트 순위를 올리고야 마는 열정적인 헤비 유저들이 이에 해당한다. 그동안 이러한

덕후들은 극소수의 비중으로 미디어 사업자를 포함한 일반 기업들의 관심 밖에 있었다. 그러나 최근 이노베이터 성향을 보유한 덕후들의 소비 패턴이 일부 산업을 선도하는 경향을 보이면서 트렌드 예측이나 마케팅 전략에 이들이 중요한 척도로 떠오르고 있다.

그다음은 개인의 취향이라는 이노베이터의 속성을 갖고 있으면서 동시에 콘텐츠의 완성도를 우선시하는 얼리 어답터다. 2019년 아카데미 작품상을 수상한 〈그린 북〉이나 2018년 칸 영화제 공식 경쟁 부문 진출로 화제를 낳았던 〈버닝〉, 할리우드 스튜디오 작품인 〈오션스 8〉 정도의 박스오피스가 이들의 소비 대상에 해당한다. 이 영화들이 동원한 국내 극장 관객 수는 50~100만 명 언저리로 전체의 2%다.

얼리 머저러티° 집단은 말 그대로 다수 수용자이되 일반인보다 좀 더 빨리 수용하는 집단으로, 보편성과 편의성을 가장 중요시한다. 실례로 극장 관객 500만 명 정도의 영화라면 최소 상영 기간 동안은 멀티플렉스에서 가장 근접성이 높기 때문에 특별한 호불호 없이 대중성을 보유해야 하는데, 2019년 최근작으로는 〈봉오동 전투〉, 〈캡틴마블〉, 〈나쁜 녀석들: 더 무비〉 등이 여기에 해당한다.

반면 필요성을 느껴도 선택하는 데 회의적인 시각을 놓지 않는 레이트 머저러티°들을 움직이는 콘텐츠는 기획 성향이 짙고 사회적 담론이 일어나는 정도다. 〈보헤미안 랩소디〉, 〈엑시트〉, 〈군함도〉, 〈범죄도시〉 등, 700~800만 명 이상의 관객들이 관람한 영화가 여기 해당된다.

마지막으로 레거드° 집단은 여기에 사회적 이슈까지 배가되어 소셜 신드롬이 형성되어야 극장 티켓을 예매하는 게으름뱅이들이다. 〈어

벤저스: 엔드 게임〉, 〈기생충〉, 〈신과 함께〉, 〈변호인〉 등, 한국 시장에서는 최소 1천만 명 이상의 관객이 동원되어야 비로소 영화를 관람하는 소비층이다. 다시 말해 레이트 머저러티와 레거드는 타인에게 영향을 받고 유행과 소셜 이슈에 따라 콘텐츠를 소비하는 식의 밴드 왜건Band Wagon 효과에 의존하는 집단이다.

이제 프리미엄의 기준은 '특별함'과 '희소성'

그렇다면 우리는 어떤 소비자들을 어떻게 공략해야 할까? 유료 콘텐츠 시장의 경우, 사실상 레거드의 콘텐츠 유료 결제가 희소하다는 점과 결제 빈도, 고객 규모를 감안하면 얼리 머저러티와 레이트 머저러티의 우선 공략이 필요하다. 그리고 이는 앞서 설명되었듯이 보편성과 상업성이 기반이 된 기획 콘텐츠여야 한다. 모바일 미디어에 대한 접근성이 좋아짐에 따라 유튜브나 여러 포털을 필두로 한 무료 서비스를 중심으로 개인의 취향에 따른 다양하고 새로운 장르와 완성도 높은 콘텐츠를 향한 시장이 본격적으로 열렸다. 이는 곧 독창성이나 완성도가 중요한 이노베이터와 얼리 어답터에게 소구하는 프리미엄 콘텐츠도 필요하다는 것이다. 이들에게 프리미엄은 높은 제작비와 화려한 캐스팅이 아닌 '특별함'과 '희소성'이다. 일반 소비자는 이러한 콘텐츠들의 다양성을 습득해가며 유료 결제에 대한 경험도 훈련할 것이니 더 이상 남녀노소 모두가 열광하는 포-쿼드런트* 콘텐츠에 대한 강박은 불필요해 보인다.

　웰메이드 범죄 장르물인 드라마 〈보이스〉를 예로 들어보자. 지난

● 웰메이드 범죄드라마 〈보이스〉와 넷플릭스의 대표 오리지널 〈하우스 오브 카드〉. 확고한 팬덤과 장르물의 수위 조절 사이에서 절묘한 성공을 거둔 작품들로 평가된다.

2017년 OCN에서 방송된 〈보이스〉 시즌 1은 7%라는 당시로서는 기록적인 케이블 TV 시청률을 내며 장르물 역사를 새롭게 썼다. 이러한 화제성을 가지고 2018년 시즌 2와 2019년 시즌 3 역시 시청률 기록을 경신하며 드라마의 팬덤은 더욱 견고해졌다. 시즌 2 편성 직전, 〈보이스〉의 마진원 작가와의 에피소드를 소개해본다.

"사람을 케틀 벨로 죽이는 것과 가위로 잘라서 죽이는 것 중에서 무엇이 더 잔인할까?" 시즌 1에서 케틀 벨이 살해 도구로 사용된 장면이 호불호가 갈렸던지라, 시즌 2에 등장하는 '가위 살인 장면'이 또 한

번 실시간 검색 순위에 오르내리며 부정적인 이슈를 몰고 올까 우려되어 한 말이었다. 이에 대한 필자의 답은 분명했다. "착한 드라마는 넘치고 장르물의 수위가 약해지면 기존 팬덤은 이탈합니다. 〈보이스〉 팬들이 원하는 것은 그게 아니거든요. 다행히도 TV 장르물에 대한 수요가 커지고 있고 수위를 낮춘들 어차피 모든 시청자가 수용되는 것도 아닙니다."

한국 방송 콘텐츠 시장의 최전방에서 일어났던 이 사담은 넷플릭스 오리지널 드라마 〈하우스 오브 카드〉의 뒷이야기와도 비슷하다. 익히 알려졌듯이 〈하우스 오브 카드〉는 주인공 케빈 스페이시가 다친 개를 잔인하게 목 졸라 죽이는 유명한 장면으로 시작하는데 이에 대해 작가 보 윌리몬 Beau Willimon은 이렇게 회상한다.

"넷플릭스 관계자들은 이 드라마의 첫 30초 동안 가입자의 절반을 잃어버릴 것이라 우려했습니다. 그래서 저는 데이비드 핀처 감독을 찾아가서 '우리가 이 개를 잔인하게 죽이면 넷플릭스 가입자의 절반을 잃을 거라는데요'라면서 그의 생각을 물었습니다. 이에 대해 핀처 감독은 '난 신경 쓰이지 않으니 그냥 가자'라고 했어요."

이 같은 감독의 의사결정이 바로 시가총액 1,400억 달러170조 원인 지금의 넷플릭스를 있게 한 킬러 콘텐츠 〈하우스 오브 카드〉의 사담이다.

1인 미디어를 포함한 플랫폼들의 과잉 공급과 이로 인한 콘텐츠의 다양화는 생산자라는 직업적 접근보다는 '새로운 계층의 탄생'이라는 표현이 더 어울리는 '크리에이터' 문화를 만들어냈다. 이러한 트렌드는 광의의 소비자들에게 콘텐츠의 다양성을 훈련시키는 동시에 얼리 머저러티와 레이트 머저러티의 일부가 콘텐츠 민감층으로 확장되어가는 양상도 낳고 있다. 이제 모든 방송국이 회당 제작비 10억 원이 넘어가는 블록버스터 시리즈 생산을 위해 글로벌 선판매 계약 체결을 의무시할 필요도, 모든 영화인들이 천만 영화 기획만을 향해 달려갈 필요도 없어졌다. 이는 잠재적으로 이노베이터와 얼리 어답터 층이 두터워지면서 콘텐츠 수요자 모델이 건강해지고 있다는 의미이기도 하다.

밑장 빼는 디즈니,
넷플릭스 어쩌나?

빈지 와칭 Binge Watching 콘텐츠 몰아보기를 뜻하는 말로, 주말이나 휴일을 이용해 드라마의 모든 회차를 한 번에 몰아서 보는 새로운 시청 형태. 이처럼 최근의 시청 방식이 실시간 시청보다는 한꺼번에 몰아보는 형태로 바뀌고 있어 현재의 시청률 조사 방식에도 변화가 필요하다는 주장이 나오고 있다.

로튼 토마토 Rotten Tomatoes 영화에 대한 새로운 소식과 정보, 비평을 제공하는 온라인 평점 플랫폼. 사이트 이름은 옛날에 관객들이 공연 중에 연기를 못하는 배우에게 토마토를 던졌던 것에서 유래하였고, 영화를 토마토의 신선도에 비유하여 신선함Fresh에서 상함Rotten의 단계로 평점을 매긴다.

포트나이트FORTNITE 에픽게임즈라는 회사가 개발한 배틀로얄 장르의 PC게임. 전 세계적으로 2억 5천만 명(2019년 3월 기준)의 사용자를 보유하고 있으며 20억 달러(2018년 기준)의 매출을 기록하며 게임 시장에서 영향력을 확장 중이다.

넷플릭스, 쓰레기 오리지널 가운데 '한 방scoop'을 노리다

넷플릭스의 성장 과정과 오리지널 콘텐츠 파워를 또다시 이야기하는 것은 입이 아플 지경이며 독자들 역시 지겨울 것이다. 이 책의 전작이라 할 수 있는 《유튜브 온리》에서도 넷플릭스 오리지널 콘텐츠의 영향력에 대해서는 이미 충분히 설명했다. 심지어 2017년 초, 680억 달러_{74조 원}이던 넷플릭스의 시가총액은 1년이 채 되지 않아 2배 가까이 상승했으며, 비록 3개월 동안뿐이었지만 2018년 5월에는 시가총액이 1,526억 달러에 달하며 할리우드 제왕인 디즈니를 추월하는 모습까지 보였다. 그럼에도 넷플릭스는 콘텐츠 스튜디오가 아닌 서비스를 제공하는 사업자이기에 사실상 넷플릭스를 대표하는 단어가 '오리지널'이며 넷플릭스를 곧 콘텐츠라고 보는 인식은 꽤 아이러니하다.

　엄밀히 말해 넷플릭스의 시가총액은 전 세계 200여 개국에 분포

되어 있는 1억 5천만 명의 유료 가입자로부터 나오는 것이다. 이 수치를 견인하는 요인은 바로 2008년 온디맨드^{On-Demand} 서비스로 판을 바꾼 온라인 스트리밍 전략, 독보적인 콘텐츠 추천 기능, 그리고 오리지널 콘텐츠의 공격적 확장이다. 넷플릭스 가입자 수는 2019년 1분기까지 기록을 경신하며 증가(그러나 2019년 2분기에 넷플릭스의 미국 가입자 수는 2011년 이후 처음 감소함)했는데, 물론 상당 부분 넷플릭스의 오리지널 시리즈 덕을 본 결과이다. 하지만 '넷플릭스의 성공 방정식 = 오리지널 콘텐츠 = 킬러 콘텐츠' 라는 지나치게 단편적인 논리는 많은 오류를 가져올 수 있다.

2017년에 1조 원 가량의 영업이익을 내고 곧장 다음 해에 8조 원의 돈을 오리지널 콘텐츠 제작에 투자하거나, 수시로 고개를 드는 '넷플릭스 위기론'에도 아랑곳하지 않고 2019년에 또다시 오리지널 콘텐츠를 위해 150억 달러_{17조 8천억 원}을 쏟아붓는 넷플릭스의 이런 뻔뻔함은 전 세계 그 어느 기업에서도 찾아보기 힘든 비즈니스 행보다. 그렇다면 과연 이렇게 생산되는 넷플릭스의 오리지널 콘텐츠는 모두 훌륭할까? 모든 오리지널 시리즈들이 일단 첫 회만 보면 동틀 때까지 새벽 내내 빈지와칭*을 밀어붙이게 될 정도로 재미있을까?

지금부터는 넷플릭스 제국의 콘텐츠 구독 시스템(월정액 요금제)과 오리지널 콘텐츠 생산 전략이 전 세계 미디어 시장의 판도를 흔들었다는 누구나 아는 뻔한 이야기가 아니라, 그동안 만들어진 넷플릭스 오리지널 콘텐츠들의 흥행 성적과 완성도에 대해 솔직히 얘기해보려 한다. 예고 없는 제작 중단 때문에 황당하기 그지없는 용두사미로 끝난

시리즈에 대한 신랄한 비판도
포함해서 말이다.

넷플릭스 오리지널의 소문난 잔치?

다른 건 다 차치하고 우선 가장
안타까운 〈마르코 폴로〉부터 말
해보자. 2014년 겨울, 넷플릭스
의 새로운 오리지널 시리즈인
〈마르코 폴로〉에 대한 기사들이
쏟아져 나왔다. 모든 매체가 13
세기 중국의 쿠빌라이 칸 시대
를 배경으로 《동방견문록》을 쓴

◗ 시즌 2에서 예고없이 종영된 넷플릭스 오리
지널 드라마 〈마르코 폴로〉

탐험가의 이야기라는 드라마 자체의 내용보다는 역대 TV드라마 중 가
장 비싼 제작비에 초점을 맞춰 보도했다. 한 회차당 제작비가 약 1천만
달러였으니, 엄밀히 따지자면 HBO 〈왕좌의 게임〉 다음으로 많은 제작
비가 든 것이다. 그렇게 왁자지껄, 초유의 관심을 모으며 드라마 방영
이 시작되었고, 〈마르코 폴로〉 시즌 2의 마지막 회는 누가 봐도 시즌 3
를 예고하는 내용으로 마무리되었다. 그러나 이후 넷플릭스는 다음 시
즌의 제작 소식을 전하기는커녕 〈마르코 폴로〉에 대한 그 어떤 공식적
인 언급도 하지 않았다. 전 세계의 가입자들은 시즌 3 제작이 취소되었
다는 것을 관계자 인터뷰를 통해 간접적으로 알 수 있었다. 이후 저널
리스트 닉 맨지온Nick Mangione은 '다음 시즌을 볼 수 없는 8개의 넷플릭스

● 넷플릭스 히트 오리지널의 로튼 토마토 평가

쇼'라는 대중문화 평론에서 〈마르코 폴로〉에 대해 "주인공이 움직일 때마다 엄청난 시간만 흐르던 지루하기 짝이 없는 이야기를 넷플릭스는 두 시즌이나 질질 끌고 가더라"라며 통렬히 비난했다. 결국 넷플릭스 오리지널 콘텐츠 중에서 시즌 2를 끝으로 종영한 최초의 작품이라는 불명예를 뒤집어쓴 〈마르코 폴로〉를 통해 넷플릭스는 2천억 원 이상을 허공에 날리는 손실을 떠안았다.

〈마르코 폴로〉만 그런 것은 아니다. 시즌 3, 시즌 4에서 막을 내려야 했던 불명예스러운 넷플릭스 오리지널은 이 밖에도 무수히 많다. 이 와중에 흥미로운 것은 조기 종영으로 자취도 없이 중간에 사라져버린 넷플릭스 오리지널들이 약속이나 한 듯이 미국의 저명한 평점 사이

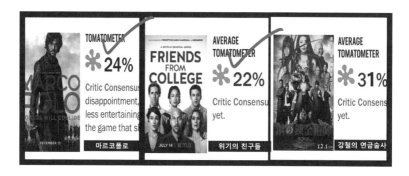

● 조기 종영된 넷플릭스 오리지널의 로튼 토마토 평가

트 로튼 토마토®에서 20~30%대의 부끄러운 점수를 받았다는 것이다. 물론 관객 수를 계산하는 박스오피스가 아닌 평점이라는 척도는 정성적이라는 한계가 있으므로 성급한 일반화일 수 있으나, 동서고금을 막론하고 콘텐츠의 재미와 흥행은 정비례하지 않았던가.

〈마르코 폴로〉는 넷플릭스가 역대 최고의 제작비를 들인 작품이지만, 처음으로 전 세계의 유통 판권을 확보한 작품이기도 하다. 그동안 넷플릭스는 제작비 일부를 회수하기 위한 목적으로 오리지널 콘텐츠의 해외 판권을 TV 사업자들에게 판매해왔기 때문이다. 그래서 〈하우스 오브 카드〉, 〈오렌지 이즈 더 뉴 블랙〉 같은 흥행작도 콘텐츠 유통 판매로 돈을 벌지는 못했다. 직접 〈마르코 폴로〉의 해외 유통을 진행하며 꾸었을 원대했던 초기의 꿈과는 달리, 넷플릭스는 결국에 '끝'이라는 그 어떤 공지도 없이 돌연 〈마르코 폴로〉의 제작을 중단하며 1억 명이 넘는 가입자들에게 무책임함의 극치를 보였다. 더군다나 이런 일이 처음도 아니었다. 일본 MBS방송국의 유명한 만화였던 〈강철의 연금술사)의 경우에는 2017년에 넷플릭스의 오리지널 무비로 제작되었으나 로튼 토마토의 신선도 평가에서 31%라는 낮은 평점을 기록하며 원작 만화의 마니아들에게 '쓰레기'라는 혹평까지 받았다.

대중에게 인기가 있었던 것은 물론이고 전문적인 평점이 대체적으로 긍정적^{Not so bad}임에도 시리즈가 후다닥 마무리된 사례도 있다. 미국을 비롯하여 인도, 멕시코, 영국 등 전 세계 8개국 이상에서 동시에 촬영했던 〈센스 8〉은 로튼 토마토 신선도 점수(시청자 점수 92%, 비평가 점수 67%)와 IMDB 평점(8.4) 역시 대체로 좋은 편이었으나 시즌 2를 끝으로 막을 내렸다. 이는 예외적으로 천하의 넷플릭스마저도 제작비 감당이 버거웠던 경우다. 〈센스 8〉의 거대한 촬영 스케일에 대해서는 드라마 주인공이었던 배우 배두나가 MBC 〈라디오스타〉에 출연해 언급한 바 있는데, 샌프란시스코, 시카고, 케냐 나이로비, 베를린, 서울 등 15개 도시를 아우르는 촬영과 항구도시의 유흥가 블록 2개를 통째로 대여하는 등, 시청자들의 입이 딱 벌어지는 규모였다. 〈센스 8〉의 제작 중단 역시, 넷플릭스는 이와 관련해서 어떤 공식적인 언급도 하지 않았다. 연출자이면서 제작자인 워쇼스키 감독 자매가 끝내 넷플릭스를 설득하지 못했다는 몇몇 인터뷰 기사들이 보도된 적은 있으나 여전히 가입자들에게는 불친절한 통보나 다름없었다. 이는 결국 50만 명의 드라마 팬덤이 동참한 청원 운동으로 이어져, 결국은 누가 봐도 팬 서비스로 보이는 2시간짜리 피날레가 편성되는 것으로 마무리되었다.

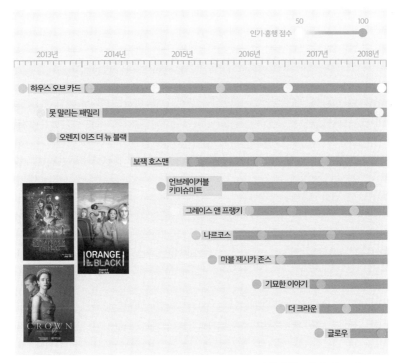

〈넷플릭스를 움직이는 스쿠프 오리지널 콘텐츠 평가〉

출처 : Goldman Sachs, Rotten Tomatoes

전체 시청시간의 *37%*를 차지하는 오리지널의 힘

모두가 알고 있는 것과 다르게 넷플릭스 최초의 오리지널 시리즈
는 〈하우스 오브 카드〉가 아니라 2012년 2월에 방영된 〈릴리 해머〉
다. 〈릴리 해머〉의 경우, 넷플릭스가 제작비를 전액 투자한 것은 아니
었기에 노르웨이의 NRK1 TV에서 첫 방송이 되었지만 어쨌든 넷플릭
스 기준으로는 직접 제작에 참여한 첫 오리지널 콘텐츠다. 첫 오리지
널 무비는 〈국적 없는 짐승들 Beast of No Nation〉이라는 작품으로, 2015년 10

월부터 방영되었다. 이후에 넷플릭스는 연간 20여 개 이상의 오리지널 타이틀을 TV드라마, 영화, 다큐멘터리, 애니메이션 등 다양한 장르로 꾸준히 제작하고 있으나 그중에는 흔적도 없이 사라져버리는 시리즈가 더 많다. 특히 단발로 편성되는 영화의 경우, 넷플릭스가 제작하는 오리지널 콘텐츠임에도 처음 보는 생소한 제목일 때가 많았을 것이다. 원작이 있는 오리지널 무비 중에는 원작 팬들의 집단 원성을 자아냈던 쓰레기급도 많다. 물론 넷플릭스는 단 한 번도 조기 종영한 TV시리즈나 실패한 오리지널 무비에 대해 공식적으로 언급을 한 적은 없으나, 이처럼 조기 종영의 수모를 당한 TV시리즈는 전체의 40%(위키피디아 넷플릭스 오리지널 기준)를 훌쩍 넘어서는데 이들 작품은 가입자들이 전혀 인지하지 못하거나, 심지어 넷플릭스의 추천 시스템에서조차 외면받는다. 이것은 즉, 오리지널 콘텐츠 왕국 넷플릭스의 가입자를 움직이고 주가를 요동치게 하는 것은 소수의 히트작이라는 말이다. 이처럼 하나의 콘텐츠가 사업을 흔들거나 서비스의 정체성과 경쟁력을 대변할 만큼의 영향력으로 시장에서 담론화되는 경우에, 이런 콘텐츠를 '스쿠프Scoop(특종) 콘텐츠'라고 부를 수 있을 것이다.

넷플릭스의 오리지널 콘텐츠는 전체 비중의 8%에 불과하지만 시청 시간으로는 전체의 37% 비중을 차지(2018년 12월 기준)하는 쏠림 현상에서도 역시, 소수인 스쿠프 콘텐츠의 영향력을 확인할 수 있다.

2013년 공개된 〈하우스 오브 카드〉의 초대박 인기에 힘입어 넷플릭스는 3개월만에 새로운 가입자 3백만 명(미국 2백만 명+글로벌 1백만 명)을 모았으며 외부 평가자들에 따르면 투자금의 대부분을 회수했다.

2018년 말에 시즌 6을 공개한 이후 지금까지도 "세상은 〈하우스 오브 카드〉를 본 사람과 안 본 사람으로 나뉜다"는 말이 회자될 정도다. 또한 2016년 방영된 〈기묘한 이야기〉 시즌 1의 폭발적인 인기는 당시 넷플릭스의 주가를 30% 가까이 끌어올렸다. 넷플릭스의 빅데이터 분석에 따르면 〈오렌지 이즈 더 뉴 블랙〉, 〈못 말리는 패밀리The Arrested Family〉, 〈더 크라운〉 등 스쿠프 오리지널 시리즈의 다음 시즌 제작 추천율은 90%를 상회한다.

지금 넷플릭스에서는 앞서 설명한 대로 사전 예고 없이 공중분해되거나(심지어 가입자가 이를 인지조차 못 하거나) 추천 시스템에서도 반영되지 않는 오리지널 콘텐츠들이 태반이다. 그러니 이쯤 되면 오리지널 콘텐츠를 넷플릭스의 성공 요인이라고 단정지어 말할 수는 없을 것이다. 하지만 소수의 오리지널 콘텐츠들이 가입자를 유치하고 이탈을 방지하며, 주가를 올리고 콘텐츠 제작 비용 회수에 기여하고 있다. 이들이 바로, 만들어지고 순식간에 버려지는 쓰레기 오리지널 시리즈들 틈에서 넷플릭스를 끌어가는 한 방의 스쿠프다.

이젠 〈SKY 캐슬〉도 준비했어

전작《유튜브 온리》에서는 2017년 당시 넷플릭스가 한국 시장에서 거둔 미미한 성적을 한국의 미디어족이 다른 국가에 비해 '빠른 것', '최신의 것' 그리고 '우리의 것'에 집착하기 때문이라고 우회해서 설명했었다. 그리고 넷플릭스는 지난 2년여간 한국의 미디어족을 이제서야 이해했다는 듯이 한국 콘텐츠를 제공하는 데에 많은 재원과 인력을 투자해왔다. 그리고 앞으로도 넷플릭스는 로컬화 전략에 더욱 집중할 것으로 보인다.

이와 관련해서 흥미로운 점은 한국 외에도 넷플릭스가 로컬 콘텐츠 전략을 강화하는 일본, 인도 등은 할리우드 영화를 선호하는 비중이 상대적으로 낮은 국가들이라는 점이다. 이는 곧 자국 콘텐츠에 애정이 강한 국민적 성향은 자국 콘텐츠의 높은 소비율과 완성도로 이

어짐을 의미한다. 한국 시장의 경우 봉준호 감독의 넷플릭스 오리지널 무비 〈옥자〉가 있었다. 그러나 〈옥자〉는 감독의 국적이 한국일 뿐 사실상 미국 오리지널 콘텐츠임을 감안하면, 본격적으로 한국형 오리지널 콘텐츠가 제작된 것은 유재석, 이광수가 출연했던 2018년 5월의 〈범인은 바로 너!〉부터라고 볼 수 있다. 그러나 당시 한국 시장에서 규모의 경제에 달하지 못한 넷플릭스의 가입자 수와 한국인에게 익숙하지 않은 방송 포맷, 그 밖의 연극적인 요소들은 〈범인은 바로 너!〉를 시장에서 담론화시키지 못했다. 넷플릭스와 YG엔터테인먼트의 합작으로 화제를 낳은 〈YG전자〉 역시 평단과 대중의 악평에 시달리다 종영했다. 물론 로컬 콘텐츠를 강화하는 전략과 이들의 흥행은 별개일 것이나, 2019년 말부터 2020년까지 순차적으로 편성될 〈범인은 바로 너!〉시즌 2, 〈나 홀로 그대〉, 〈무브 투 헤븐 : 나는 유품정리사입니다〉의 시장 반향이 기다려진다.

넷플릭스의 본격 로컬화 전략

이러한 로컬화 전략으로 이제 넷플릭스는 오리지널 콘텐츠를 제작하는 것을 넘어서 현지 방송사들의 콘텐츠까지 대거 사들이고 있다. 제 아무리 넷플릭스라도 로컬성이 강한 국가에서는, 국내 콘텐츠에 비해 더 많은 집중력을 요하거니와 친근하지 않은 캐스팅의 영어권 콘텐츠만으로는 의미 있는 게임이 불가함을 깨달은 것이리라. 이제 tvN과 JTBC를 비롯하여 국내 방송사 대부분의 드라마와 예능을 넷플릭스에서 볼 수 있으며, 최근 JTBC의 대표작이었던 드라마 〈SKY 캐슬〉과 〈보

● 로컬 콘텐츠 전략을 강화하고 있는 넷플릭스. 국내 인기 드라마의 본방을 놓쳤다면 20분 후에 넷플릭스에서 볼 수도 있다.

좌관〉, tvN의 드라마 〈미스터 션샤인〉, 〈아스달 연대기〉 등은 본 방송이 끝나고 20분 이내에 4K^{4K UHD}의 고화질로 편성하는 친절함을 보이기도 했다. 특히 이러한 국내 프로그램들에게 넷플릭스가 지급하는 수급 비용은 웬만한 넷플릭스 오리지널 무비의 제작비를 상회하는 규모이기에, 재원에 허덕이는 국내 방송사를 만족시키기에는 충분한 금액이다. 사실상 JTBC 콘텐츠를 전담하여 유통하고 있는 ㈜제이콘텐트리의 유통 판권 수익은 해외 판권 매출이 증가하는 상황과 더불어 넷플릭스의 공격적인 구매로 2018년 4분기 영업이익이 전년 동기 대비 31.9%나 증가했다. 이는 중국 내에서 한국 콘텐츠 편성을 금지하는 한한령이 아직 완전히 해제되지 않았음을 감안한다면 꽤 의미 있는 실적이다. 화제의 드라마 〈보좌관〉의 시즌 1 역시, JTBC와 넷플릭스에 선판매하여 제작비의 50%를 회수했다.

로컬 콘텐츠의 자국 내 매출 비중이나 글로벌 시장에서의 객관적인 경쟁력이 한국 시장과 유사한 인도 시장 역시 마찬가지다. 2018년 한 해에만 두 번의 증액을 통해 90억 달러^{10조 2천억 원}의 자본으로 오리지널 콘텐츠를 제작하겠다고 밝힌 넷플릭스는 자본의 상당 부분을 인도를 중심으로 한 신흥 시장 공략에 쏟아부었다. 최초의 인도 넷플릭스 오리지널 시리즈였던 〈신성한 게임^{Sacred Games}〉이 바로 그런 경우다.

〈신성한 게임〉은 거대한 제작비 이슈를 넘어서, 등장인물의 삶을 통해 인도의 지난한 비리와 부패, 종교 문제 등을 훑는 깊이 있는 내용으로 전 세계 넷플릭스 시청자에게 걸작으로 남았다. 그러나 〈신성한 게임〉에 이어 〈젓가락 행진곡^{Chopsticks}〉까지, 인도 시장을 겨냥한 로컬 콘텐츠에 지속해서 돈을 쏟아붓고 있음에도, 크리켓(인도에서는 야구보다 인기가 많은 스포츠) 생중계로 월 3억 명의 시청자를 보유하고 있는 인도의 대표적인 OTT 서비스 플랫폼 핫스타^{Hotstar}를 따라잡기엔 역부족이다.

이러한 넷플릭스의 주춤한 성장에 대해 "인도 시장에서 넷플릭스의 글로벌 콘텐츠는 교육받은 소수의 엘리트 집단에게만 소구된다"라는 조언이 붙는다. 그럼에도 넷플릭스가 집중하고 있는 신흥 국가들 중에서도 13.5억 명의 인구를 자랑하는 인도는 넷플릭스에게 투자자본수익률^{ROI}을 크게 고려하지 않고 로컬 오리지널 콘텐츠 제작 역량을 발휘하는 기폭제가 될 것이다. 향후, 인도는 북미 다음가는 넷플릭스의 터전이 될 것으로 확신한다.

한국 콘텐츠 제작자에게는 희소식

2016년 1월, 콘텐츠 공룡 넷플릭스가 한국 시장에 진출했을 때 성공을 확신하는 이는 극히 일부였다. 미디어 전문가들 사이에서도 상반된 예측으로 설왕설래했으나 대부분의 업계 전문가는 '미드' 중심의 낯선 영어권 콘텐츠로 규모의 경제에 달하는 가입자를 유치하는 것은 어렵다고 전망했다. 실제로 초반 3년간 초라한 성적을 거둔 것 역시 부인하기 어렵다.

그러던 넷플릭스가 인도, 한국 등 텃세가 강한 단단한 로컬층을 보유한 국가들을 대상으로 공격적인 현지화 전략을 추진하고 있으며 현지 방송사의 콘텐츠까지 싹쓸이하듯이 비싼 값에 사들여 수급하는 공격적인 전략을 펼치고 있다. 지금 넷플릭스에는 〈마인드 헌터〉와 〈루머의 루머의 루머13 Reasons Why〉 같은 넷플릭스 향기 가득한 프리미엄 콘텐츠는 물론이요, 〈킹덤〉 시리즈나 〈좋아하면 울리는〉 같은 토속적인 오리지널 드라마와 대한민국을 강타했던 〈미스터 션샤인〉과 〈SKY 캐슬〉까지 서비스되고 있다. 가장 따끈한 소식을 전하자면, 2019년 11월 넷플릭스는 CJ ENM, JTBC와 콘텐츠 제작 및 유통 계약을 3년으로 확장하여 체결하였다. 기존의 단일 계약이 장기 파트너십이 되어 넷플릭스의 로컬 콘텐츠가 강화되었다는 의미 외에도 해당 콘텐츠들은 전세계 190여개국에 '넷플릭스 오리지널 시리즈' 타이틀이라는 이름으로 유통될 예정이다. 한편 지난 9월 '2019 아시아 TV 드라마 컨퍼런스'에서 롭 로이Rob Roy 아시아·태평양 지역의 넷플릭스 콘텐츠 총괄 부사장은 한국 오리지널 콘텐츠를 대거 확대할 것이며 '메이드 인 코리아' 콘텐츠의 글로벌 진출을 위해 한국 창작자 커뮤니티를 지원하겠다는 계획을 직접 전달했다. 이는 각 국가의 로컬 OTT 사업자들에게는 비상이겠지만, 콘텐츠 제작과 판매, 거기에 글로벌 유통의 기회를 한꺼번에 얻은 콘텐츠 제작사들은 또 하나의 성장 동력을 가지게 된 셈이다.

그러나 널리 알려졌다시피, 넷플릭스의 현금 흐름은 오리지널 콘텐츠 제작을 본격화하기 시작한 2012년 이후 늘 불안정했다. 2018년 4분기를 기준으로 현재 넷플릭스의 부채는 84억 달러9조 4,248억 원이며 장기 부채는 166억 달러18조 6,252억 원에 달하는 등 여전히 살얼음판을 걷는 중이다. 매 분기 가입자 수 순증을 경신하던 행보 역시 2019년 2분기를 기점으로 처음으로 순감하며 빨간불이 켜졌다.

이처럼 누적되는 불안정한 자금 상황에서 전 세계 가입자의 3~4%에 불과한 '텃새주의 국가'들에서 지금 같은 공격적인 로컬화 전략과 투자를 유지할 것인지는 불투명하다. 그러나 서비스를 흔들고 사회적 담론을 만들어내는 몇몇 스쿠프 콘텐츠로 성장해온 넷플릭스이기에, '콘텐츠 마중물 붓기'를 절대 중단하지는 않을 것이다.

콘텐츠 왕국의 끝, '완전히 새로운*A Whole New*' 디즈니월드

2019년 전 세계 멀티플렉스 극장의 수천 개 스크린에서는 영화 〈알라딘〉에 등장하는 '어 홀 뉴월드*A Whole New World*'의 아름다운 선율과 〈라이온킹〉의 주제가 '서클 오브 라이프*Circle of Life*'의 선율이 흘러 넘쳤다. 2018년의 할리우드는 디즈니가 지배했고, 2019년의 할리우드 역시 디즈니가 지배하고 있다는 것에 반박할 사람은 없을 것이다. 2018년 〈어벤져스: 인피니티 워〉는 개봉 첫 주에 미국에서 2억 5천만 달러2,700억 원, 전 세계에서 6억 4천만 달러6,900억 원를 벌어들였는데 이는 최종 제작비의 거의 8배에 육박하는 금액이다. 2019년 역시 기염을 토했다. 〈어벤져스: 엔드 게임〉은 8억 5천만 달러1조 43억 원의 수입으로 '넘사벽' 고전 〈스타워즈: 포스 어웨이큰스〉에 이어 할리우드 역사상 매출 2위라는 기록을 세웠으며, 〈토이 스토리 4〉, 〈스파이더맨: 파 프롬 홈〉, 〈알라딘〉, 〈라이온 킹〉의 실사 영화까지 모두 박스오피스 3억 달러3,600억 원 이상을 훌쩍 넘기며 흥행에 성공했다. 2019년 연말 〈겨울왕국2〉 역시 이변없이 국내 극장관객 1천만 명을 무난히 넘겼고 2020년 연초에도 〈스타워즈: 라이즈 오브 스카이워커〉 같은 대작들이 줄줄이 개봉 대기 중이다. 이렇게 압도적으로 치고 나가는 디즈니의 성과에 대해, 얼마 전 CNN은 2019년 월트 디즈니사의 누적 수익이 역대 1위에 올랐다고 보도했다. 이는 2016년 디즈니가 세웠던 기록을 스스로 경신한 것이다.

잘 알려진 대로, 디즈니가 〈알라딘〉과 〈라이온 킹〉의 실사 영화를 제작하고 같은 해에 순차적으로 개봉할 수 있었던 것은 디즈니가 보유한 콘텐츠 지식재산권 때문이다. 디즈니는 1928년에 세계 최초의 유성 만화영화인 〈미키 마우스〉를 시작으로 〈인어 공주〉, 〈미녀와 야수〉, 〈알라딘〉, 〈라이온 킹〉, 〈겨울왕국〉에 이르기까지, 애니메이션을 개봉하고 캐릭터 상품을 판매하는 것뿐만 아니라 콘텐츠를 게임·전시·테마파크 등으로 연계시키고 있다. 이 같은 연계 수익이 극장 수익의 2.5배에 달하다 보니 고영희 서울과학종합대학원 교수(지식재산경영 전공)는 "디즈니의 영화와 애니메이션이 오히려 IP 캐릭터 사업을 위한 거대한 광고판과 같다"라고 언급하기도 했다.(동아닷컴, 2019. 07. 16)

이렇듯, 지금 디즈니가 집중하고 있는 것은 지식재산권 사업의 확장 전략이다. 거대한 M&A를 통해 내셔널 지오그래픽, 마블, 픽사, 루카스필름 같은 슈퍼 IP 콘텐츠를 가진 브랜드들을 수평적으로 수집하더니, 이제 고전 만화를 실사 영화로 제작하는 수직적 확장을 통해 어릴 적 '심바'와 '무파사'의 가족애에 울었던, 어느새 서른 중반이 된 부

<디즈니가 보유한 주요 콘텐츠>

장르	제작사	작품
영화	디즈니픽처스	<캐리비안의 해적> 시리즈 · <미녀와 야수> · <신데렐라> · <프린세스 다이어리> 등
	마블 스튜디오 (2019년, 40억 달러에 인수)	<어벤저스> 시리즈 · <아이언맨> 시리즈 · <캡틴 아메리카> 시리즈 등
	루카스필름 (2012년, 40억 달러에 인수)	<스타워즈> 시리즈 등
	21세기 폭스 (2019년, 713억 달러에 인수)	<아바타> · <엑스맨> 시리즈 · <에일리언> 시리즈 · <심슨 더 무비> · <혹성탈출> · <테이큰> 시리즈 등
드라마	ABC스튜디오	<그레이 아나토미> · <로스트> · <위기의 주부들> · <모던 패밀리> · <에이전트 오브 쉴드> · <인휴먼스> 등
애니메이션	디즈니 애니메이션스튜디오	<겨울왕국> · <주토피아> · <모아나> · <라푼젤> · <라이온 킹> 등
	픽사 애니메이션스튜디오 (2006년, 74억 달러에 인수)	<토이 스토리> 시리즈 · <인사이드 아웃> · <니모를 찾아서> · <코코> · <라따뚜이> · <벅스 라이프> · <인크레더블> 등
	21세기 폭스	<심슨 가족> 시리즈 · <아이스 에이지> 시리즈

〈2019년 디즈니 주가 추이〉

(단위: US달러)

〈알라딘〉 개봉

〈스파이더 맨: 파프롬 홈〉 개봉

〈어벤져스: 엔드 게임〉 개봉

출처 : The New York Stock Exchange

모들과 그 자녀들을 함께 극장으로 끌어들이고 있다.

　지구상에 디즈니만큼 지식재산권 사업을 제대로 펼칠 수 있는 콘텐츠 왕국은 아마 없는 것 같다. 2006년 픽사, 2009년 마블, 2012년 스타워즈 IP를 보유한 루카스필름 그리고 2019년 21세기 폭스의 인수로 막강한 슈퍼 IP 콘텐츠들이 디즈니의 자체 콘텐츠 IP에 더해지며 지금 디즈니는 창립 이래 최정점에 다다른 르네상스 역사를 쓰는 중이다. 첨언하자면, OTT 선진국 미국의 미디어 시장에서는 TV 유료 방송을 해지하는 코드커팅Cord-Cutting이 여전히 확산 중이기에 현재 케이블 TV 방송 사업을 동반하는 할리우드 스튜디오들의 성장 한계와 주가 정체는 불가피하다. 그럼에도 2005년 밥 아이거 CEO 부임 당시에 23달러에 머물렀던 디즈니의 주가는 지난 10여 년간 글로벌 미디어 시장을 흔들었던 M&A 메가 딜을 거치며 현재 150달러에 육박하고 있다. 꿈과 환상의 디즈니랜드는 이제 〈아이언맨〉, 〈스파이더맨〉, 〈아바타〉 등

성인 대상의 슈퍼 IP 콘텐츠까지 더해져 310조 원이 넘는 미디어 공룡 기업이 된 것이다. 다시 말해, 기존의 TV방송국이 더 이상 콘텐츠 흥행만으로는 광고 수익을 보전하지 못하는 상황에서 디즈니의 수평·수직적인 IP 확장 중심의 경영 전략은 탁월했다. 연이어 설명될 콘텐츠 IP를 활용한 디즈니의 OTT 스트리밍 서비스 사업 진출 역시, CEO 밥 아이거의 패기 어린 도전이다.

　　디즈니가 10년 동안 100조 원 이상을 쏟아부은 슈퍼 IP 콘텐츠 패키지로 만들어나갈 '완전히 새로운 A Whole New 디즈니월드'는 지금부터 시작이다.

밑장 빼는 디즈니,
'엘사'와 '헐크'를 무찔러야 할
넷플릭스

디즈니가 OTT 스트리밍 서비스와 스포츠 전용 실시간 스트리밍 서비스인 ESPN플러스를 자체적으로 출시하겠다고 선언한 것은 2017년 하반기였다. 이후 디즈니는 (예상대로) 넷플릭스를 대상으로 콘텐츠 제공 중단을 발표하고 21세기 폭스의 인수전에 참여했으며, 2019년 3월에 본 인수에 대한 규제 당국(미 법무부, EU 집행위 등)의 최종 승인을 얻었다. 이로 인해 기존에 갖고 있던 (미국 시장에서 넷플릭스와 경쟁 중인) 훌루Hulu 지분 30%에 폭스가 보유한 지분까지 더해 훌루의 최대 주주가 되었다. 이쯤 되면 1억 5천만 명의 가입자가 있는 넷플릭스와 경쟁해 볼 만한 최소한의 밑밥을 깔아둔 셈이다.

〈넷플릭스 vs. 디즈니플러스〉

NETFLIX	Diseney+
오리지널 TV시리즈	오리지널 TV시리즈
700개 타이틀	25개 타이틀 이상(연)
오리지널 무비	오리지널 무비
700편	10편 이상(연)
총 콘텐츠	총 콘텐츠
5,500개 타이틀	영화 500편 TV에피소드 7,500회차
오리지널 예산	오리지널 예산
한화 12조	한화 0.7조(영화) * TV에피소드는 미정
상품 가격	상품 가격
12.99달러/월 (스탠다드 요금)	6.99달러/월 3년 약정시 4.72달러/월
가입자	가입자
1억 5천만 명	2019년 11월 12일 출시 첫날 하루 1천만 명 돌파
출시일	출시일
2007년 1월	2019년 11월

2024년까지 가입자 9천만 명을 향하여

지난 2년여 동안 글로벌 미디어 업계의 다양한 루머와 예측 속에서, 디즈니플러스Disney+로 브랜딩한 디즈니의 자체 스트리밍 서비스는 2019년 4월 디즈니 투자자 데이Disney's Investor Day에서 베일을 벗었다. 전 세계 극장의 스크린 평정을 끝낸 '완전히 새로운 디즈니월드'가 넷플릭스에 던진 OTT 도전장, 디즈니플러스를 넷플릭스와 비교해보자.

옆 페이지의 표에서 알 수 있듯이, 얼핏 보더라도 유료 가입자 규모를 비롯해 오리지널 콘텐츠의 누적 편수나 투자 예산 등에 있어서 넷플릭스는 디즈니플러스보다 우위에 있다. 그러나 가격 경쟁력 면에서는 디즈니플러스의 월 이용료가 넷플릭스의 스탠다드 요금제 대비 53% 수준으로 우수한 편이다. 심지어 CEO 밥 아이거는 2019년 8월의 실적 발표 자리에서 '디즈니플러스 + 훌루 + ESPN플러스'까지 디즈니가 소유한 서비스를 월 12.99달러라는 파격적인 금액으로 묶어서 제공할 예정이라고 발표했다. 물론, 이 같은 번들 상품은 진출 국가별로 다양한 변수가 있겠으나 일단 북미에서는 3개의 OTT 서비스가 넷플릭스 하나(스탠다드 요금제 기준)와 동일한 가격인 셈이니 지금 디즈니는 '2024년까지 가입자 9천만 명'이라는 목표 달성을 위해 모든 자원을 쏟아붓는 중이다.

그러나 이러한 표면적인 비교를 넘어, 핵심은 90년의 역사를 가진 콘텐츠 왕국 디즈니의 기존 콘텐츠Old Library와 향후에도 매년 생산될 콘텐츠들이 넷플릭스에 제공되지 않는다는 점이다. 디즈니 라인업에는 수십 년 간의 인수합병으로 확보된 마블, 픽사, 루카스필름, 내셔널지오그래픽 등의 소위 디즈니 계열이라 불리는 콘텐츠는 물론이고 최근 디즈니제국에 합류한 〈엑스맨〉 시리즈, 〈데드풀〉, 〈아바타〉 등, 21세기폭스의 콘텐츠까지 포함된다. 아마도 지금 넷플릭스 CEO인 리드 헤이스팅스의 머릿속은 꽤 복잡할 것이다. 심지어 디즈니 D2C ^{Direct To Customer} 사업 회장 케빈 메이어 ^{Kevin Mayer}는 2018년 연말 할리우드 리포터와의 인터뷰에서 디즈니의 '콘텐츠 밑장 빼기'는 더욱 강화될 것이라고 언급했다.

엎친 데 덮친 격으로, 넷플릭스를 겨냥한 '콘텐츠 밑장 빼기' 공격은 디즈니에서 끝나지 않을 듯하다. 지난 7월, 할리우드 6대 스튜디오인 워너브라더스의 모기업, 워너미디어 역시 HBO 맥스 ^{HBO MAX}라는 OTT 서비스 출시를 발표했기 때문이다. 워너미디어는 말이 필요 없는 워너브라더스의 TV 히트 시트콤 〈프렌즈〉 외에도 HBO, CNN, 카툰 네트워크, DC엔터테인먼트 등의 콘텐츠를 모두 2020년 봄에 출시될 HBO 맥스에서 독점 공개한다고 발표했다. 그러니까 조만간 넷플릭스에서는 〈프렌즈〉를 볼 수 없다는 얘기다.

이게 전부일까? 스트리밍 서비스 사업에 직접 진출한 콘텐츠 사업자들의 '내 땅 되찾기'가 여기서 멈출까? 할리우드 6대 스튜디오 중 하나인 NBC유니버설도 2020년 OTT 출시 계획을 선언했으니 이제 〈미니언즈〉와 〈쥬라기 월드〉 시리즈도 넷플릭스에서 제외될 것이다. 또한, 콘텐츠 사업자는 아니지만 애플 역시 오리지널 콘텐츠에 10억 달러의 투자를 강조하며 2019년 11월 '애플TV플러스'라는 자체 OTT 서비스를 런칭했으니 (월 4.99달러로 아이폰, 아이패드, 맥북 구매자에게는 서비스 1년 무료 제공) 바야흐로 'OTT 춘추전국시대'라 말할 수 있다.

2019년 3월 애플의 스페셜 이벤트를 빛냈던 스티븐 스필버그 감독은 본인의 특기인 SF 오리지널 콘텐츠에 대한 포부를 강조했다. 향후에는 오프라 윈프리의 토크쇼가 애플TV플러스를 대표하는 간판 오리지널 예능이 될 것으로 보인다.

넷플릭스가 온라인 스트리밍 서비스로 사업을 확장한 해가 2007년임을 감안한다면 OTT산업의 역사가 긴 것은 아니지만, 그럼에도 공룡 기업들의 연이은 서비스 출시 이벤트가 전개될 2019년과 2020년은 글로벌 미디어판의 엄청난 지각변동의 해로 기억될 것이다. 그리고 이 중심에 콘텐츠 밑장 빼기가 가져올 넷플릭스 위기론이 있다.

그렇다면 넷플릭스는 디즈니와 21세기 폭스를 비롯하여 워너미디

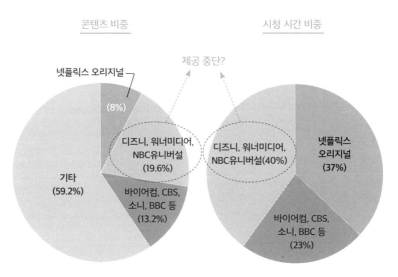

〈넷플릭스의 콘텐츠 수 및 시청 시간 비중〉

출처 : 2018년 12월 Ampere Analysis, 7Park Data

어, NBC유니버설의 영화와 TV시리즈 제공이 모두 중단되었을 때 어느 정도의 타격을 받게 될까? 물론 이는 출시를 앞둔 각 서비스들의 기술력이나 마케팅 그리고 자체적으로 생산할 오리지널 콘텐츠들의 효과에 따라 달라질 것이나, 우선은 중단될 콘텐츠들이 현재 넷플릭스에 기여하고 있는 정도로 추정해본다.

앞의 표에서 보듯이 시청 시간 면에서 넷플릭스의 오리지널 콘텐츠 효과는 압도적이다. 넷플릭스에서 제공되는 전체 콘텐츠의 8%에 불과하지만, 시청 시간 기준으로는 전체의 37% 비중을 차지하며 이는 정량적 기준 대비 5배에 가깝다. 그럼에도 현재 넷플릭스의 고민은 스튜디오 콘텐츠 제공을 중단했을 때 받게 될 타격이다. 디즈니, 워너미디어, NBC유니버설의 영화와 TV시리즈 비중은 전체의 20%에 불과하나 시청 시간 비중은 넷플릭스 오리지널이 차지하는 37%보다 약간 높은 수준인 40%다. 즉, 2019년과 2020년에 각자의 OTT 출시 계획으로 향후 넷플릭스에 공급 중단이 예상되는 콘텐츠들은 넷플릭스 오리지널 콘텐츠와 동등하거나 더 많은 시청 시간을 점유하고 있다. 좀 더 면밀히 넷플릭스 세상 밖에서 보더라도, 역대 미국 흥행 영화 상위 100편 중 67편이 디즈니와 워너미디어의 소유이고, TV시리즈 역시 별반 다르지 않다.

물론 이러한 콘텐츠들은 같은 날 한꺼번에 사라지는 것이 아니라 단계적으로 편성이 중단되겠지만 어쨌든 넷플릭스에게 답은 둘 뿐이다. 전체 콘텐츠의 양을 줄이거나, 반대로 오리지널 콘텐츠의 비중을 지금보다 두 배 가까이 확장하거나. 사실 글로벌 미디어 공룡들이 너

"우리의 경쟁자는 디즈니가
아니라 유튜브와
포트나이트 게임이다."
— 넷플릭스 CEO, 리드 헤이스팅스

도나도 나서서 오리지널 콘텐츠 투자를 강화할 것이라는 메시지는 이제 식상하지만 그럼에도 2019년 150억 달러라는 넷플릭스의 오리지널 투자 규모는 가히 압도적이다. (이에 비해 2019년 애플의 오리지널 투자액은 10억 달러 수준이다.) 그렇다면, 넷플릭스는 〈겨울왕국〉의 엘사나 마블 영화의 '인크레더블'한 헐크와 경쟁하기 위해 이 천문학적인 숫자를 끊임없이 높일 수 있을 것인가?

스트리밍 왕국과 콘텐츠 왕국의 한판승부

지난 수년간 넷플릭스는 매년 콘텐츠 투자 비용을 10억 달러씩 증액했다. 급기야 2019년 역시 전년 대비 30억 달러 증액한 150억 달러를 쏟아붓겠다고 발표했으나, 콘텐츠 생산이 단순한 머니게임이 아니라는 점을 감안하면 투자 대비 효과가 정비례할지는 알 수 없다. 심지어 그간 영업이익이 아니라 매출액의 80%를 오리지널 콘텐츠 제작에 쏟아부었기에 현금 흐름 역시 2018년과 2019년 모두 마이너스 30억 달러 수준으로, 부채는 지속해서 상승하고 있다. 스튜디오 사업자들과의 본

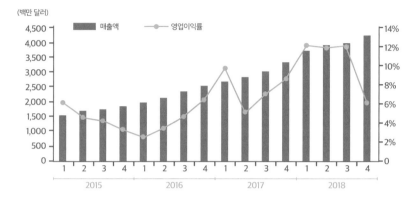

<분기별 넷플릭스 매출액 및 영업이익률 추이(2015년~2018년)>

출처 : 넷플릭스, 유진투자증권

격 서비스 경쟁을 앞두고 있는 사면초가의 상황에서 주가와 현금 유동
성은 불안정하고, 급기야 2019년 2분기에는 미국 시장 가입자 수마저
감소세로 돌아섰기에 넷플릭스가 잠시 빌려온 콘텐츠들의 빈자리를
오롯이 '내 콘텐츠'로 메울 수 있을지는 미지수다.

　　그러나 회복의 기미가 낮은 이러한 경영 환경에서도 가입자 1억
5천만 명을 보유한 넷플릭스가 당장 무너질 리는 없다(글로벌 미디어 조
사 기관인 모펫네이선슨은 디즈니플러스의 첫해 가입자를 710만 명, 2023년 3천
5백만 명으로 분석했다). 2019년 1월 CEO 리드 헤이스팅스는 주주들에게
보내는 편지에서 "우리의 경쟁자는 디즈니나 HBO가 아니라 결국 유
튜브와 포트나이트* 게임이며 가입자들의 시청 경험 개선이 중요하다"
며 흔들림없는 1위 사업자의 포부를 밝혔다.

　　일단 당분간은 넷플릭스와 아마존 프라임 비디오의 양강 체제 아

래, 몇몇의 스튜디오 사업자들이 만든 개별 서비스들이 공존할 것으로 보인다. 만약 디즈니가 넷플릭스를 포함한 타 플랫폼에 콘텐츠 유통을 중단할 경우 당장 2020년에 예상되는 유통 수익 감소가 1억 4천만 달러에 달한다고 하니, 앞으로 서비스 출시를 앞두고 있는 스튜디오 사업자들이 디즈니처럼 '내 땅 되찾기' 전략을 독하게 고수할지는 미지수다. 한편, 넷플릭스와의 전면 전쟁과 가입자 규모의 경제 달성을 목적으로 디즈니플러스와 HBO맥스 간 서비스 합병 시나리오도 가능하다. 이렇듯 어떠한 방향으로 글로벌 OTT 시장이 재편될지는 모르겠으나, 향후 형국의 핵심은 두 가지다. 첫째는 콘텐츠 1P를 대거 보유한 자가 자신의 OTT 서비스를 통해 중개인 없이 콘텐츠를 고객에게 바로 전달하는 '콘텐츠 직접 판매'고, 둘째는 이러한 콘텐츠 판매 구조의 보편화가 콘텐츠 지식재산권을 다량으로 갖고 있는 스튜디오 사업자들을 협상의 우위에 올릴 것이라는 점이다.

지난 10여 년간 넷플릭스는 전통적인 TV 미디어와의 경쟁에서 승리하는 핵심은 '콘텐츠'라는 소신을 가지고 오리지널 콘텐츠 강화 전략을 고수해왔다. 그러나 이제는 레거시 미디어와의 경쟁 구도를 벗어나 신규 OTT 서비스들과 콘텐츠 경쟁을 벌이게 되었다. 디즈니는 100여 년의 역사를 가진 오리지널 스튜디오인 반면, 넷플릭스는 10여 년간 OTT 업계에서 1위 자리를 지켜왔으며 온라인 서비스와 콘텐츠 추천 기술력에서 타의 추종을 불허한다. 이제 본격적으로 시작될 콘텐츠 왕국과 스트리밍 왕국과의 한판 승부, 비싼 구경거리가 될 것이다.

춘추전국시대를 지나
합종연횡하는 한국 시장

그렇다면 국내 OTT사업자들의 움직임은 어떠한가? 본서의 전작이라 할 수 있는 《유튜브 온리》(2017년 12월)에서는 유료 구독형 OTT시장의 경우, 미미한 가입자 규모(2017년 기준, 200만 명)마저 사업자별로 분산되어 규모의 경제화를 위해 향후 서비스간 통합이나 제휴의 가능성에 직면할 것으로 예견했다. 즉, 당시 이동통신이나 IPTV 사업의 부가 서비스 전략을 고수하던 LG유플러스의 '비디오포털'이나 KT의 '시즌Seezn'(2019년 11월, KT는 자사 OTT인 올레 TV 모바일의 서비스명을 변경하여 신규 출시하였다)은 별도의 손익 산출에 대한 부담 없이 유지될 것이나, 독립적인 OTT전략을 추진하던 옥수수나 티빙, 푹, 왓챠플레이 등은 새로운 환경에 당면할 수 있다는 의미였다.

이후, 지난 2년여간 통신기업들이 보유한 각자의 OTT는 자사 이동통신 고객을 중점으로 양적 성장을 해왔고, 통신사 유통망을 보유하지 않은 티빙과 왓챠플레이, 곰TV 등은 정체된 성장 추이 아래 근근이 명맥을 이어오는 수준이었다. 물론, 애니메이션을 합법적으로 제공하며 개인화 추천에 강점을 지닌 라프텔Laftel 같은 애니메이션 OTT 등, 마니아 시장을 겨냥한 서비스들은 틈새시장을 형성하며 유지되고 있다. 그 사이 넷플릭스의 국내 유료가입자 규모는 2017년 30만 명에서 200만 명으로 거의 7배 성장했고 넷플릭스의 국내 콘텐츠 제공이 확대되면서('18년~'19년 JTBC드라마의 90% 이상 제공 중) 사실상 사용자 입장에서는 글로벌 OTT와 국내 OTT 간 구분은 무의미해 졌다.

　　고객의 입장에서는 최대한 더 적은 돈으로 더 많은 콘텐츠를 시청할 수 있는(All Viewing through 1 Pay) 가성비가 핵심이며, 플랫폼사업자는 가입자 성장 속도와 안정적인 콘텐츠 수급 구조가 중요하다. 양쪽의 이러한 니즈는 2019년 유통과 콘텐츠의 결합 또는 콘텐츠와 콘텐츠의 양적 결합 등, 2개의 나침반이 되어 사업자간 합종연횡으로 이어졌다. 유통과 콘텐츠의 결합은 2019년 9월 출시한 지상파 3사의 콘텐츠연합플랫폼인 푹과 SK브로드밴드의 옥수수가 합병한 웨이브WAVVE가 대표적이다. SK텔레콤의 강한 유통력, 글로벌 역량 그리고 지상파 콘텐츠 군단의 결합으로 해석된다. 연이어, CJ ENM과 JTBC 역시 OTT 합작 법인을 출범할 계획을 발표했다. 2020년 초까지 양사가 보유한 콘텐츠 IP를 통합하여 기존 CJ ENM의 티빙을 기반으로 서비스하겠다는 골자이니 이는 콘텐츠와 콘텐츠간의 양적 결합에 해당한다. 반면, 2017년 KT스카이라이프가 출시한 TV형 OTT인 '텔레비Telebee'는 몇몇 방송

사들과의 콘텐츠 제공 협상에 문제가 불거지며 2019년 말 서비스를 종료하기로 결정했다.

본격화된 콘텐츠 땅따먹기

이처럼 국내시장은 OTT 춘추전국시대를 지나 2019년 합종연횡과 일부 서비스들의 폐지 수순을 밟고 있는 모습이다. 이와 관련하여 크게 3가지 질문을 던질 수 있는데, 향후 경쟁 구도에서의 승자, 오리지널 콘텐츠 전쟁 그리고 글로벌 사업 방향성이 그것이다. 우선, 승자의 조건은 명쾌하다. 앞서 언급하였듯이 사용자는 단일 서비스에서 합리적인 가격으로 다양한 콘텐츠를 제공받기 원한다. 현재 웨이브에는 CJ ENM의 콘텐츠가 없으며, 티빙은 지상파 콘텐츠가 제공되지 않는 상호 배타적 구도다. 향후 국내 OTT들이 이러한 콘텐츠 땅따먹기를 본격화하는 가운데 넷플릭스가 국내 콘텐츠의 빈 자리를 채워간다면 오히려 프리미엄 오리지널을 다량으로 보유하고 있는 넷플릭스의 경쟁력은 치솟을 것으로 보인다. (2019년 11월, 넷플릭스는 CJ ENM, JTBC와 콘텐츠 제작 및 유통 계약을 향후 3년간 체결했다.)

그렇다면, 결국 국내 OTT 간의 경쟁구도에서 승자를 예측하기 보다는 향후 웨이브와 CJ, JTBC의 합작 OTT 간의 서비스 통합에 대한 고민도 필요하다. 물론 이는 사용자 관점의 서비스 가치만이 고려된 시나리오이며, 특히 2020년 상반기에 OTT 합작법인을 출범할 CJ ENM과 JTBC의 경우, 넷플릭스와 경쟁해야 할 OTT임과 동시에 넷플릭스의 글로벌 유통력에 의지해야 하는 콘텐츠 사업자이기도 하므로 다각적으로 얽힌 이해관계에 따른 전략적 변수가 상존한다.

다음은 본격적으로 시작될 오리지널 콘텐츠 전쟁이다. OTT 서비스들이 기존의 유료방송에 비해 오리지널 콘텐츠 전략으로 재편될 것임을 부인하기는 어렵다. 물론 이 같은 오리지널은 OTT사업자 사이에서만 독점 제공되는 '약한 오리지널'과 TV채널을 포함하여 전방위적으로 독점 제공되는 '강한 오리지널'로 구분되는데 웨이브, CJ ENM/JTBC의 OTT, KT의 '시즌'은 각기 다른 수위의 오리지널 전략을 발표했다.

현재 국내 OTT 중 유일하게 지상파 채널이 실시간으로 제공되는 강점을 배경으로 가입자를 유치해가는 웨이브는(빅데이터 플랫폼 기업 아이지에이웍스는 2019년 9월, 웨이브의 월 사용자수를 265만 명(넷플릭스는 217만 명)으로 예측했다) 첫 오리지널로 〈조선로코-녹두전〉이라는 대작 드라마를 흥행시켰다. 이는 KBS월화드라마로 동시 편성되었으므로 '약한 오리지널'에 해당한다. 웨이브는 콘텐츠 비용 3천억 원 중 오리지널 콘텐츠에 1천억 원을 투자한다는 계획을 발표했으며, 향후 외부에서 추가 유치될 투자금과 오리지널 콘텐츠의 흥행에 따른 투자 회수율 등으로 재투자를 위한 선순환 구조가 만들어질 것으로 보인다. 반면, KT의 '시즌'은 지상파와 CJ ENM 등과의 제작 협업은 언급했으나 현재 공동제작 방식, 제작비 규모, 독점의 범위에 대해서는 구체화된 것이 없다.

아직, 글로벌 진입 전략을 구체적으로 그려낸 국내 OTT는 없으나, 투자 자금을 지속적으로 유치하며 통신기업의 글로벌 동맹 역량을 보유한 웨이브는 동남아를 중심으로 서비스 진출을 계획 중이다. 이를 위한 첫 걸음으로 웨이브는 2019년 10월, 동남아 7개국(싱가포르, 인도네시아, 필리핀, 베트남 등)의 한국 관광객을 대상으로 웨이브고WAVVE GO 서비스를 시작했다. 물론 중장기적으로는 현지인을 대상으로 한 서비스 직접 진출이 필요하므로 넷플릭스, 아이플릭스iflix, 훅HOOQ 등 동남아에 기존 진출해 있는 해외 또는 현지 OTT와의 경쟁 구도에서 'K팝 아이돌과 한류 오리지널'이라

● 100억 원의 제작비를 투자한 웨이브의 첫 오리지널
〈조선로코-녹두전〉

는 무기를 현지 파트너와의 협력 구조에 어떻게 담아낼지 관건이다. 그간 국내 OTT시장은 통신사들의 부가 서비스를 중심으로 꿈틀거리다가, 2016년 한국시장에 진입한 넷플릭스와 독자적인 OTT 전략을 추진해 온 SK브로드밴드의 옥수수라는 양강 체제에 중소형 OTT들이 혼재된 춘추전국시대의 형상이었다. 그러나 가입자 분산으로 인한 독자생존의 어려움과 2019년 디즈니플러스의 OTT 출시와 국내 진입 가능성, 넷플릭스의 한국 콘텐츠 강화로 국내 OTT는 생존을 위한 합종연횡의

길을 걸어가는 중이다. 다가올 양육강식의 전쟁을 앞두고 이 같은 전략
과 K콘텐츠에 대한 한류 수요 국가들의 정치적 난제들이 조금씩 풀려
가는 현재의 분위기에서 대작 오리지널의 콘텐츠 효과가 어떻게 작용
할지 지켜볼 일이다.

하루 10억 시간의 위용 콘텐츠 영토의 무한확장, 유튜브 제국

메타데이터Meta Data

속성 정보라고 하며, 데이터의 유형을 정리한 2차원적인 정보임. 즉, 데이터를 설명해주는 데이터다. 영화에서 특정 배우의 장면을 추출하거나 축구 시합에서 골인 장면만을 추출하는 것 등도 메타데이터를 통해 가능함.

겟레디위드미GRWM, Get Ready With Me

구글코리아가 직접 뽑은 2019년 유튜브 트렌드 키워드로 학교 가기 전이나 출근 전에 준비하는 모습을 담은 유튜브 콘텐츠를 뜻한다. 주로 화장하는 모습을 보여주며 중간중간 메이크업 팁을 제공한다.

하울Haul

대량 구매한 물건을 인터넷 방송 등에서 품평하는 행위를 말함. 언박싱과 비슷하지만, 리뷰하는 것이 매장에서 쓸어 담듯이 사들인 많은 양의 제품이라는 점에서 차이가 있음. '그물을 세게 끌어올리다', '물건을 대량으로 구매하다'라는 뜻의 영어 단어 'Haul'에서 기원한 용어임.

오팔Opal, Old People with Active Life**세대**

경제력을 갖춰 새로운 소비층으로 부각 중인 5060세대를 의미. 은퇴후 새로운 일이나 여가 활동을 즐기면서 자신을 가꾸는데 많은 시간과 돈을 투자한다. 서울대 소비자학과 김난도 교수의 책 《트렌드 코리아 2020》에서 언급된 키워드임.

라포Rapport

상호 간에 신뢰하며 감정적으로 친근감을 느끼는 것. 따뜻한 공감과 감정 교류가 있는 신뢰 관계를 뜻함. 18세기에 의사 프란츠 안톤 메스머Franz Anton Mesmer가 도입한 단어이며 심리 치료나 상담 과정의 치료적 관계에서 주로 사용하는 용어임.

YT세대Young Target

Young Target의 약자로 82년 이후 출생한 사람들을 의미한다. 국내 모 통신사에서 마케팅 용어로 시작하였으나 현재 범용적으로 쓰는 신조어로 자리 잡았다.

확증편향Confirmation Bias

선입관을 뒷받침하는 근거만 수용하고, 자신에게 유리한 정보만 선택적으로 수집하는 경향을 말한다. 자신의 신념과 일치하는 정보만 받아들이고 일치하지 않는 정보는 무시하는 현상을 일컫는 심리학 용어다.

너드Nerd

주로 컴퓨터와 IT와 관련된 특정 분야에 대한 오타쿠를 의미하며, '사회성 부족'의 뉘앙스가 추가된다. 머리는 매우 우수하지만 잘 어울리지 못하는 '괴짜'를 지칭하며 부정적인 뜻보다는 살짝 치켜세우는 말로 많이 쓰인다. 때로는 엄친아 정도의 긍정적인 의미를 전달하며 일부에서는 자긍심과 단체의 정체성을 표현하는 말로 재정의되고 있다.

세기의 대결,
승자는 결국 유튜브

유튜브는 과거에도 지금도 미디어를 대표하는 키워드이며 미래에도 그럴 것이다. 본디 태생 자체가 PC온라인 기반이다 보니 '뉴미디어 플랫폼'이라 인식되지만 사실 유튜브만큼 오래된 미디어도 없다. 2005년부터 콘텐츠가 업로드됐고 2006년에 구글에 인수되었으니 그야말로 뉴미디어 판의 대표적인 레거시 플랫폼이라고 할 수 있다.

그럼에도 여전히 하늘 아래 감히 자리를 넘볼 자가 없는 방송국이다. 전 세계 인터넷 사용 인구의 95%가 유튜브에 접속하며 1분마다 500시간이 넘는 새로운 콘텐츠가 업로드되고, 개설된 채널은 2,400만 개에, 하루에 10억 시간 이상이 유튜브에서 소비된다. 유튜브의 성장만큼 자신이 만든 콘텐츠를 기반으로 한 유튜버들의 영향력이 커지면서 2018년 초등학생 장래 희망 조사(교육부, 한국직업능력개발원)에서는 유튜버(인터넷 방송 진행자)가 연예인을 8위로 밀어내고 5위를 차지하기도 했다. 돌이켜보면, 환경만 만들어주고 콘텐츠는 사용자들이 스스로 생산하고 소비하게 한다는 유튜브의 철학은 달라진 적이 없건만 이 시대에 들어서야 비로소 유튜브가 미디어 제국이 된 이유는 무엇일까? 2011년 모바일(스마트폰)의 대중화에 따라 기존의 TV와 PC 미디어 사업자들은 우후죽순 모바일 미디어 시장에 뛰어들었고, 스마트폰의 카메라 기능은 짧은 동영상 Short Form Contents 생산을 증폭시켰다. 이러한 기술적 수혜가 기반이 되어, 유튜브에는 기하급수적으로 영상 콘텐츠가 업로드되었다. 이렇듯 스마트폰 보급으로 인한 짧은 영상 콘텐츠의 확산이나 LTE 통신 인프라가 유튜브의 대중화에 기여했다고는 하지만 유튜브가 지금의 미디어 제국으로 거듭나게 된 결정적인 계기는 결국 몇몇의 '콘텐츠 이벤트'였다.

2016년 3월, 구글은 훗날 '역사적인 대결'로 기억될 인공지능 알파고와 이세돌 9단과의 바둑 대결의 실시간 중계 계획을 발표한다. 총 다섯 번의 대국 중 네 번을 알파고가 승리하면서 '인공지능이 지배하는 세상'에 대한 두려움과 경외감은 AI를 그해의 글로벌 키워드로 우뚝 세웠다. 그러나 이러한 역사적인 대결은 유튜브에서 사전 예고되고 독점으로 실시간 중계방송(당시 한국은 유튜브와 지상파, JTBC, 바둑TV 등의 방송국과 동시 생중계했으나 북미 시장에서는 유튜브 독점 생중계였다.) 방송되었기에 결과적으로 진정한 승자는 알파고도 이세돌도 아닌 유튜브였다.

이 세계적인 이벤트를 통해, 1997년 IBM 슈퍼컴퓨터 딥블루가 세계 체스 챔피언 게리 카스파로프Garry Kasparov와의 경기에서 승리한 이후 잠잠하던 인공지능 기술에 대한 사람들의 관심이 폭발적으로 늘어났다. 유튜브 생중계를 통해 전 세계인들은 사용자가 직접 제작한 UGCUser Generated Contents로 이루어진 플랫폼인 유튜브가 TV방송국과 어깨를 견줄 만큼 글로벌 미디어로 성장했음을 인식하기 시작했다. 알파고의 연이은 승리의 순간마다 폭발하던 시청 수요를 유튜브 자체 서버만으로 버틴 구글의 기술력도 동시에 화제가 되었다.

이러한 단 하나의 생중계 이벤트만으로도 시장은 뜨겁게 달아올랐으며 단 5일만에 모기업인 구글의 시가총액은 2,348억 달러275조 원만큼 상승했다. 이를 통해 유튜브는 기존에 진행하던 글로벌 스타의 콘서트 실황이나 대형 스포츠 이벤트들은 물론이고, 정치인 등 유명 인사들의 독점 생중계 인터뷰를 통해 실시간 방송의 입지를 다져갔다.

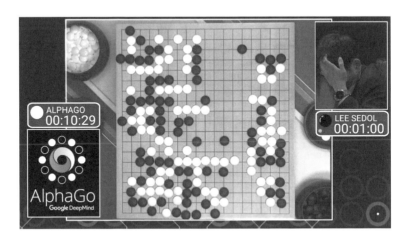

● 2016년 3월, 유튜브로 생중계된 알파고와 이세돌 대국 장면

〈2016년 3월 알파고와 이세돌 대국 기간 동안 구글의 모회사 알파벳 주가 추이〉

| 알파고 승리 | 알파고 승리 | 알파고 승리 | 이세돌 승리 | 알파고 승리 |

(단위: US 달러)

757.36
750.24   750.27
744.87
732.17
725.41
713.53

3월 8일   3월 9일   3월 10일   3월 11일   3월 14일   3월 15일   3월 16일

출처: 블룸버그

현재는 사전 바이럴 마케팅과 시장 파급력을 원하는 다양한 기업들이 앞다투어 유튜브의 생중계 파트너가 되고 싶어 혈안이다. 물론 유튜브는 독점 성격의 생방송 중계권 확보를 위해 합당한 유치 비용을 지불하지만, 채널 개설, 트래픽 서버 구축, 마케팅 협업과 이벤트 조건 등에서 파트너와 긴밀하게 세부 사항을 조율하여 계약한다. 실례로 그 동안 각종 론칭쇼 생중계를 오로지 애플 홈페이지에서만 진행했던 애플마저, 2019년 9월 12일 '아이폰 11 프로' 출시를 유튜브로 생중계하며 1,800만 명이 시청하는 쾌거를 이뤄냈다. 신비주의자인 잡스와 달리, 실리주의자인 팀 쿡다운 의사결정이었다.

유튜브의 라이브 스트리밍은 '모바일'과 국가 간 경계가 무의미한 '글로벌' 그리고 순간의 파장이 중요한 '스포츠'와 '이벤트'라는 키워드 아래에서 기존 TV방송의 패러다임을 실시간으로 변화시켰다. 그리고 이렇게 TV의 영역을 침범해가며 끊임없이 콘텐츠가 생산되고 소비되

● 강남 스타일'은 유튜브 최초 1억 조회 수를 돌파한 콘텐츠로 유튜브 제국의 폭발적인 확장에 분수령
이 된 사건으로 평가된다. 2012년 7월 업로드되어 2019년 11월 현재 조회수는 34억5천만에 이른다.

는 미디어 제국 유튜브를 완성한 것은 구글의 기술력도, 가입자 규모
도, 글로벌 마케팅도 아닌 결국 몇몇의 콘텐츠 이벤트였다. 2012년 유
튜브 최초의 1억 조회 수 돌파 기록을 세우며 유튜브에서 K팝 조회 수
를 3배 이상 끌어올린 싸이의 '강남 스타일' 뮤직비디오가 그러했고,
2016년 알파고와 이세돌의 바둑 대국 생중계가 그러했다.

99%의 돈 못 버는 콘텐츠, 그러나 집합의 힘

유튜브의 성장은 유료 가입자 수를 늘리며 성장한 넷플릭스와는 확연히 다르다. 유튜브는 일단 누구나 콘텐츠를 만들고 업로드할 수 있는 오픈 플랫폼이라는 점이 가장 다르다. 그리고 잘 드러나지 않는 차이점이 하나 더 있는데 그것은 유튜브가 저작권 해결이 안 된 콘텐츠나 검증되지 못한 가짜 뉴스들의 업로드를 막지 않는다는 것이다. 아니, 정확히는 막지 않는 것이 아니라 막기 '힘들다'는 표현이 더 맞다. 할리우드 관계자들의 말에 의하면, 영화 개봉 전 공식 경로가 아닌 채널에서 예고편이 업로드되어도, 천하의 메이저 스튜디오들마저 전 세계 20억 명에게 노출되는 유튜브의 마케팅 파워를 감안하여 눈감을 때가 있다고 한다. 상황이 이러하니 영세한 사업자들에게 유튜브의 저작권 이슈는 사실상 "별거 아닌 일(It is not a big deal)"이 되는 현실이다. 지금 유튜브는 저작권 문제에서 떳떳하지 못한 콘텐츠들을 무수히 유통시키며 사실상 이 문제를 묵인하고 있다.

한편 최근 이슈가 되고 있는 가짜 뉴스와 관련해서는 구글 측의 명확한 입장 발표가 있었다. 2018년 10월, 더불어민주당은 유튜브 측에 현직 대통령의 건강 이상설, 5·18 민주화 운동 북한군 침투설 등, 가짜 뉴스 104건에 대한 삭제 요청 공문을 보낸 뒤 구글 코리아와 면담을 진행했다. 그러나 구글은 "언론의 자유를 지지하며 대중의 지지를 얻지 못하는 견해라도 자유롭게 표현할 수 있는 권리를 보장한다", "사건에 대한 진실은 종종 파악하기가 어렵다. 또한 언제나 옳거나 그르거나의 이분법을 따르지도 않는다"라고 밝히며 어떠한 실질적인 조치를 취하는 것은 유보했다. 이는 구글이 자신들의 주장을 완화해서 표현한 것으로, 뉴스를 선별하여 진위 여부를 판단하는 것은 플랫폼의 역할이 아니라는 입장을 강하게 보인 것이다. 구글의 강경한 태도로 마무리된 이 상황은 '가짜 뉴스 삭제 요청했으나 사실상 퇴짜'라는 일부 과격한 헤드라인과 다르지 않아 보인다. 구글의 입장은 "주장이 엇갈릴 수 있는 가짜 뉴스보다는 오히려 증오 유발 콘텐츠를 규제한다"는 유럽 국가들의 정책(2017년 독일의 네트워크법 등)과 유사한 맥락이다.

이렇듯, 오픈 플랫폼이라는 태생적 문제(?)로 저작권 이슈와 가짜 뉴스로 몸살을 앓고 있는 유튜브는 그런 콘텐츠들의 범람으로 인해 오히려 제국의 영토가 확장되는 역설적인 결과를 즐기고 있다. 콘텐츠의 범람은 다시 사용자의 폭증으로 이어지고 이러한 선순환은 급기야 '돈 버는' 전업 유튜버에 대한 환상으로 이어졌다.

99% 개미 유튜버들이 만드는 '천하제일' 방송국

2019년 7월, 2,100만 명의 구독자를 보유한 '보람튜브' 채널을 운영하는 가족 회사 '보람 패밀리'가 98억 원 상당의 청담동 빌딩을 매입한 사실이 보도되면서 톱스타 부럽지 않은 고수입 유튜버들이 다시 세간의 이목을 끌었다. 한국방송통신전파진흥원이 발표한 유튜버들의 연수입 집계를 봐도, 게임 유튜버 17억, 먹방 유튜버 10억 등으로 구독자 수 상위 유튜버들의 수입은 입이 벌어질 정도다. 반면 구독자 수가 미미한 유튜버들의 수입과 관련한 공식적인 집계는 없으나 2018년 11월 한국MCN협회가 유튜버들을 대상으로 진행한 설문에 따르면, 유튜브 채널 운영이 부업이나 취미가 아닌 주업인 경우 크리에이터의 일 평균 수입은 5만 원 수준인 것으로 나타났다. 편당 제작 비용은 10만 원이 채 되지 않으나 콘텐츠 제작에 평균적으로 35.9시간(하루 9시간 노동을 전제했을 시 4일 소요)을 할애하고 있었다. 따라서 대부분 월 100만 원가량의 수입을 얻는다고 가정하면, 대다수 유튜버는 들이는 시간과 노동력 대비 기대 이하의 성적을 거두고 있음을 알 수 있다.

유튜버들 사이에 농담처럼 회자되는 '30:800:1,000 법칙'(구독자 30만 명에 누적 조회 수 800만 건이면 월수입 1천만 원) 역시 산술적으로는 정확하겠지만 사실상은 대다수 크리에이터들이 지향하는 목표에 불과하다. 2018년 한국방송광고진흥공사가 실시한 조사에 따르더라도, 돈 버는 유튜버는 1% 남짓에 불과하다고 하니, 사실상 99%의 유튜버들은 한 달에 100만 원도 벌지 못하는 상황인 셈이다. 그렇다면 이 같은 99%의 유튜버들(광고 수익이 발생하지 않는 최소 구독자 1천 명 이하의 유튜버를 포함)은 지금 무엇에 기여하고 있는가?

　이들이 바로 앞서 말한 '1분마다 500시간 분량의 콘텐츠가 업로드되는' 세계 최대 동영상 플랫폼의 화수분(끊임없이 재물이 나오는 보물단지)들이다. 아이러니하게도 유튜브는 99%의 '돈 못 버는 유튜버들'이 생산하는 콘텐츠로 천하제일 방송국의 지위를 유지한 채 '집합의 힘'을 발휘하는 중이다. 이처럼 화수분 단지가 된 유튜브는 천문학적인 숫자의 콘텐츠가 매일 업로드되면서 새로운 검색 포털로까지 떠올랐다. 이는 사업자의 전략적인 의도가 개입되지 않았어도 유튜브는 이미 엔터테이닝에서 정보 전달로, 텍스트에서 동영상으로, 검색의 패러다임을 새롭게 쓰고 있다.

새로운 검색 패러다임의
탄생

어느새, Z세대들은 궁금한 것들이 있을 때 네이버나 구글 같은 포털 서비스가 아니라 유튜브에서 검색한다는 사실은 이제 식상한 말이 되었다. 닐슨코리안클릭에 따르면 하루에 최소 4.4회 유튜브에 접속하여 51.5분 이상 유튜브를 시청하는 유튜브 네이티브들은 밀레니얼세대에 비해 3배 이상의 시간을 유튜브에서 보낸다. 이들에게는 검색을 위해 또 다른 서비스를 이용한다는 것 자체가 비효율적이다. 심지어 유튜브 네이티브의 다음 세대라 일컬어지는 '알파키즈'(2010년 이후에 출생한 세대)는 인스턴트 메시지(카카오톡, 페이스북 메신저 등)와 유튜브만으로도 완전한 커뮤니케이션이 가능하다고 하니, 이들에게 텍스트와 사진을 기반으로 하는 기존의 검색 서비스는 고루하고 느릴 수밖에 없다.

물론 국내 포털 사업자들 역시 동영상 콘텐츠를 담아낸 지 오래되었고 특히 2017년에는 많은 동영상 전용 앱과 서비스가 출시됐다. 그러나 Z세대와 알파키즈들은 텍스트를 읽고 이해하거나, 정지해 있는 이미지를 보고 이면의 내러티브를 상상하거나, 기사 하단의 동영상이 재생되기를 기다리지 않는다. 그들은 즉각적으로 영상이 돌아가는 것에 익숙하며 상상하는 모든 것을 보여주는 서비스에 안심하고 편안함을 느낀다. 그렇다면 X세대와 밀레니얼세대는 어떠한가? 그들 역시, 가수 폴킴의 노래를 모아서 듣고 싶을 때 뿐만 아니라 과거에 그가 오디션에 출연했던 장면이 궁금하거나, 이케아에서 구입한 액자를 벽에 거는 법을 알고 싶다거나, 북한 핵 이슈에 대한 총정리가 필요할 때 유튜브를 검색한다. 2019년에 나스미디어가 발표한 인터넷 이용 조사에 따르면 청소년 10명 중 7명이 유튜브에서 정보를 얻는다고 응답했고, 국내 인터넷 사용자의 60%가 이미 유튜브를 엔터테인먼트를 위해서가 아니라 정보 검색 수단으로 사용한다고 하니, 검색 포털로서 유튜브를 사용하는 것은 더 이상 YT세대들만은 아니다.

　이렇듯 늘어나는 검색량이 월 30억 건 이상에 달하면서, 유튜브의 '돋보기 검색창'은 국내 검색 시장을 독점하던 '녹색 검색창'을 위협하는 것을 지나 구글에 이어 세계 2위의 검색엔진 자리(구글과 구글 이미지 검색엔진을 구분할 경우, 글로벌 3위)를 차지했다. 검색되는 데이터 역시, 여타 서비스인 빙Bing, AOL, 애스크닷컴Ask.com, 야후 등에서 소비되는 정보를 모두 합친 것보다도 많은 수준이다. 심지어 세계 1위 검색엔진인 구글마저도 검색 결과의 최상단에 유튜브 영상 콘텐츠를 먼저 보여주기 시작했다. 예를 들어 구글에 '소녀시대'를 검색하면 위키피디아 결과 값 바로 다음으로 유튜브 결과 값이 상단에 노출되는 식이다. 물론 구글과 유튜브는 알파벳Alphabet Inc.이라는 지주회사 산하의 기업이기에 이는 계열사 간의 협력일 수도 있겠으나, 그간 쌓아왔던 것들보다 유튜브 동영상 검색 결과를 우선하여 보여주는 것은 구글 입장에서 큰 결심이 필요했을 터다.

내가 찾는 것 그 이상을 찾아주는 유튜브의 검색지능

그렇다면, 유튜브의 검색어 처리 과정은 어떤 패러다임을 따르고 있을까? 우선, 사용자의 검색 행위를 떠올려보자. 포털에서건 유튜브에서 건 우리는 검색할 때 흔히 "키워드를 입력한다"고 한다. 그렇다면 포털과는 다르게 영상 콘텐츠만 축적되어 있는 유튜브에서는 어떻게 키워드 몇 개로만 원하는 결과를 찾아낼까? 영상 콘텐츠의 제목, 개요, 해시태그, 링크 등의 메타데이터*와 일치하는 내용만 찾아주는 것은 너무 제한적이므로, 유튜브는 이에 더해 사용자가 이전에 시청했던 콘텐츠 기록들을 검색어와 연계하여 검색 결과를 보다 맞춤형으로 제공한다. 예를 들어, 평상시에 영화를 좋아하는 집단으로 프로파일링 된 사용자가 오보에Oboe라는 목관 악기를 검색하면, 오보에를 연주하는 영상이나 채널을 보여주는 것 외에도 영화 〈미션〉의 테마곡이자 '넬라 판타지아'로 널리 알려진 '가브리엘의 오보에'가 추천되는 식이다.

이에 더해 클라우드 비디오 인텔리전스Cloud Video Intelligence라고 불리는 동영상 분석 기술을 이용하여, 콘텐츠가 업로드될 때 입력된 정보 그 이상의 의미까지 추출하여 사용자가 입력한 검색어와 부합하는지 맞

〈유튜브의 동영상 분석 기술 정확도〉

출처 : 구글 클라우드 비디오 인텔리전스

취보고 결과에 함께 보여주기도 한다. 즉, 유튜브의 방대한 콘텐츠들은 단순히 시청을 위해서만 존재하는 것이 아니라 새로운 검색 패러다임의 밑밥으로 깔리며 구글의 검색 인프라에 기여하고 있는 것이다. 구글과 유튜브는 '키워드'로 쉽게 질문하게 하고 '연관 콘텐츠'로 다양한 결과를 보여주며 전 세계를 압도적으로 지배해왔다. 이제는 더 나아가 영상 콘텐츠에 내포된 의미까지 파악하여 검색 서비스의 질을 높이고 있으니, 늘 그래왔듯이 두세 발자국 앞서 달리고 있다. 예를 들어 사용자가 어떤 콘텐츠의 특정 장면을 반복해서 시청하거나, 시청 중간에 중단하는 구간이 반복된다면 해당 콘텐츠의 어떤 속성 때문에 그런 것인지 파악할 수 있는 정도다. 그렇기에 인기 있는 속성, 즉 사용자들이 많이 시청하는 것과 연관된 검색어를 입력할 경우, 방대한 콘텐츠 중에서 그 속성이 포함된 콘텐츠를 최상단에 노출시키고 그렇지 않은 것은 하단에 노출할 수 있다. 이런 방식으로 유튜브의 검색 품질은 나날이 향상되어 간다.

그렇다면, 이러한 유튜브의 동영상 분석 기술은 단순히 구글의 뛰어난 인공지능 역량 덕분이라고만 할 수 있을까?

지금 유튜브는 1분에 500시간의 새로운 콘텐츠가 업로드(2012년에 60시간씩 업로드된다고 발표했으니 매년 1.5배씩 증가한 것으로 추정됨)되고 있으며 구글의 검색 기능은 콘텐츠의 대량 소비를 통한 머신러닝으로 나날이 개선되고 있다. 이는 사용자의 검색 의도와 메타데이터가 얼마나 부합하는지를 단순히 판단하는 것을 넘어, 콘텐츠에서 의미를 추출하는 기술 그 이상을 의미한다. 즉, 과거에도 지금도 유튜브의 방대한 콘텐츠와 그 소비량은 구글의 검색 기능 향상에 다각도로 기여하고 있다. 결국 검색 서비스의 핵심은 콘텐츠이고, 콘텐츠 소비가 활발하게 일어나지 않는 플랫폼에게 검색 포털로서의 미래는 없다.

먹방 사운드만으로
방송국이 되는 시대

과거, 국내외 미디어 시장은 TV방송국이 지배했고 TV방송국의 상징은 곧 실시간 방송 채널이었다. 이처럼 채널을 보유한 전통적인 TV방송국들은 직접 기획해서 제작한 콘텐츠(TV프로그램)를 시청자에게 전달했고 시청자들은 편성표를 확인해가며 정해진 시간에만 콘텐츠를 소비할 수 있었다. 매일 새벽, 현관 앞에 배달되던 종이 신문의 TV편성표 코너는 인기였으며, 다음 날이 휴일이면 그다음 날 편성표까지 같이 제공되곤 했다.

그러나 유튜브 시대가 열리면서 방송국이 일방적으로 콘텐츠를 전달하는 방식은 끝났다. 내가 원하는 시간에 원하는 콘텐츠를 시청하던 것도 모자라 2011년부터는 시청자로 머물던 사용자가 자신의 콘텐츠를 직접 제작하여 '나의 채널'을 통해 전 세계로 송출할 수 있게 되었

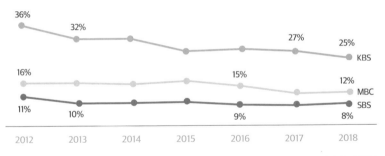

〈국내 지상파 방송국의 시청점유율 감소 추이〉

36%   32%   27%   25%
                                                  KBS

16%   15%   12%
                                                  MBC
11%   10%   9%   8%   SBS

2012   2013   2014   2015   2016   2017   2018

출처: 방송통신위원회 방송사업자 시청점유율 산정 결과

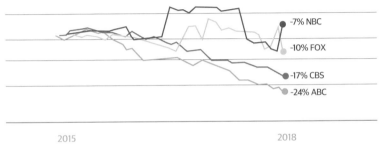

〈미국 지상파 방송국의 프라임 시간대 시청점유율 감소 추이〉

-7% NBC

-10% FOX

-17% CBS

-24% ABC

2015   2018

출처: Guggenheim Securities, Nielson

다. 유튜브는 사용자들에게 '내 이야기를 하고 싶은 욕구'를 충족시키고 이를 통해 '돈도 벌 수 있다'는 희망도 함께 심어주면서 플랫폼 내의 콘텐츠는 더욱 풍성해졌고 자연스럽게 사용량도 급증했다. 이러한 유튜브의 새로운 방송 패러다임은 획일적으로 제작된 콘텐츠를 주워 먹기만 하던 방식에 지친 시청자들을 열광시켰고 TV방송국의 상징이자 무형의 권력이었던 실시간 방송 채널의 의미 역시 퇴색하기 시작했다.

즉, 사용자가 콘텐츠를 생산하고 직접 송출하는 채널, 이것이 곧 유튜브가 만들어낸 1인 방송국이다. 또한 1인 방송국을 운영하는 유튜버들이 많아지고 이들의 시장 영향력이 강해지며 이들을 위한 인프라 역시 다양해지고 있다. 예를 들어, 과거 지상파 방송국의 PD나 촬영 감독 같은 기술 인력들만의 잔치였던 KOBA(국제 방송·음향·조명기기 전시회) 역시, 2019년부터 개인 방송을 위한 스튜디오 장비를 세트 상품으로 구성하여 전시·판매하는 등 본격적으로 '1인 미디어쟁이'를 위한 전문 장비를 취급하기 시작했다.

지금, 유튜브 채널을 대표하는 키워드를 보자. 브이로그^{Vlog}, 겟레디위드미^{GRWM}°, 제품 언박싱과 하울° 리뷰 등이 트렌드다. 최근에는 이를 바짝 쫓으며 듣고 있으면 기분이 좋아지는 ASMR(자율감각쾌락반응) 콘텐츠나 먹방 사운드처럼 '음향 콘텐츠'를 제작하는 방송이 떠오르고 있다. 소위 '리얼 사운드 푸드 크리에이터'로 소개되는 '홍사운드'는 치즈, 벌꿀, 삼겹살, 간장 게장 등의 먹방 사운드만으로 구독자 140만 명의 어엿한 방송국으로 성장한 대표적인 채널이다. 또한 구독자 50만 명을 돌파한 '미니유 ASMR' 채널의 경우 100% ASMR 콘텐츠로 승부

● 유튜브의 한 장르를 개척한 ASMR은 오로지 '소리'로 승부하는 콘텐츠다. 홍사운드(오른쪽)의 구독자는 140만 명을 넘었고 미니유(왼쪽)도 50만 명을 돌파했다.

하는데, 생크림에 초코볼 말아먹는 소리, 브러시 깃털 자르는 소리를 비롯해 '옆집 사람 간호해주기 ASMR' 같은 힐링 콘텐츠는 독신 남녀들 사이에서 화제가 된 바 있다.

이렇듯 나 혼자 만들어내는 사운드와 내레이션만으로 방송국이 되는 시대다. 이제는 유튜브를 '적', '생태계 파괴자'로 간주하던 레거시 TV방송국들도 유튜브가 창조한 세상에 합류하여 콘텐츠 홍보를 위해 각자의 채널을 개설하고 구독자 수를 늘리고 있다. 기존 TV방송국의 개념이 전복되었다고 말해도 과언이 아니다. 대표적인 게임 유튜버 양띵이 2개 이상의 채널('양띵 유튜브'와 '양띵의 사생활')을 운영하는 것처럼, 한 명의 유튜버가 대여섯 개의 방송국(채널)을 동시에 소유하고 있는 경우도 있다. 구독자 5천 명 정도의 유튜브 채널을 운영하는 23살 대학생이 있다. 최신 극장 개봉작을 소개하는 채널이라고 한다. 필자는 그에게 물었다.

"편집에만 하루에 12시간씩 투자하면서까지 채널을 운영하는 이유가 뭐죠?"

이 질문에 그는 "용돈 벌려구요"가 아니라 이렇게 답한다.

"내가 MBC가 되기 때문에요. 이건 내가 방송국을 만드는 거잖아요."

유튜브라는 서비스 이름 자체가, '당신You'과 '브라운관Tube'의 합성어인 것처럼 유튜브는 말 그대로 내가 만드는 TV방송국을 의미한다. 그리고 유튜브는 정말로 개인이 방송국이 되는 시대를 열었다. 유튜브가 전복시켜 놓은 TV방송국의 새로운 판, 이제 유튜버가 방송국이고 콘텐츠다.

5060세대, 편향된 콘텐츠가
주는 행복

지금 유튜브는 실버세대를 제외하고는 논하기 어렵다. 현재 5060세대가 생산하는 콘텐츠와 이들의 유튜브 시청 시간, 모바일 데이터 이용량 증가 속도(50세 이상의 2019년 1분기의 월평균 데이터 소모량은 3년 전보다 2배 이상 증가)를 감안하면, 이들을 단지 '실버'라는 단어만으로 분류하는 것이 적절한지 의문이 든다. 지금 유튜브는 '액티브시니어', 'FAST Financial, Active, Self-management, Time 시니어'를 중심으로 블루오션을 만들어내며 시장을 독주 중이다.

최근 '오팔세대'라는 명칭을 부여받은 신세대 장년층인 5060 세대의 유튜브 친화 현상을 크리에이터와 사용자로 나누어 살펴보자. 현재 활동하고 있는 크리에이터는 많은 이들에게 친숙한 '코리아 그랜마' 채널의 박막례 할머니를 필두로 '영원씨(01SEE) TV' 채널의 김영원

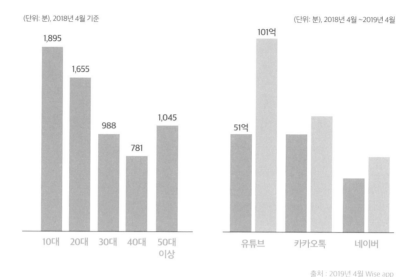

〈연령별 1인당 월평균 유튜브 사용 시간〉 〈50대 이상의 서비스별 사용시간 증가분〉

(단위: 분), 2018년 4월 기준

(단위: 분), 2018년 4월 ~2019년 4월

1,895 1,655 988 781 1,045

10대 20대 30대 40대 50대 이상

101억 51억

유튜브 카카오톡 네이버

출처 : 2019년 4월 Wise app

할머니, '꽃할배 TV'의 여용기 할아버지 등이 있다. 특히 112만 명의 구독자를 거느린 박막례 할머니의 경우, 2019년 4월 유튜브 CEO 수잔 보이치키가 '박막례 쇼' 기획과 미팅을 위해 한국을 방문했는가 하면 2019년 5월 미국 캘리포니아 주에서 열린 개발자 회의 구글 I/O 2019에 한국 대표로 초대받았다. 그곳에서 구글 CEO 선다 피차이를 따로 만난 사실이 알려지면서 다시 한번 화제를 뿌렸다. 선다는 당일 그의 인스타그램에 박막례 할머니에 대해 '영감을 받고 있는 유튜버'라며 만남의 소감을 남기기도 했다.

이들의 경쟁력은 무엇인가? 또 이들의 콘텐츠는 지난 15년간의 콘텐츠나 요즘 YT세대*가 생산하는 콘텐츠와는 어떻게 다른가? 여기

서 흥미로운 사실은, 이러한 콘텐츠를 시청하는 비중의 60% 이상과 대부분의 팬덤이 35세 이하의 YT세대라는 것이다. 그렇다면 이들은 왜 지금 '실튜버 Silver+Youtuber'에게 관심을 갖게 된 것일까?

"우리 세대를 이해해줘"가 아닌 "우리가 다가갈게"라는 이들의 다소 서투른 도전과 성실한 노력은 위로가 필요한 이 시대의 청년들에게 웃음과 공동체 의식을 주고 있다. 그들이 가진 연륜의 힘 또한 고스란히 콘텐츠에

● 2019년, 구글 개발자 회의에 초대받아 구글 CEO를 만난 '코리안 그랜마', 박막례 할머니

녹아 있기에 "나도 저런 액티브 시니어처럼 늙고 싶다"라는 생각이 들게 한다. 그래서 실버세대가 등장하는 콘텐츠는 시청자에게 다른 오락 콘텐츠에서는 느낄 수 없는 경험을 선사한다. 박막례 할머니가 쓴 에세이《박막례, 이대로 죽을 순 없다》에는 "고난은 누구에게나 오는 것이여, 내가 대비한다고 해서 안 오는 것도 아니여", "왜 남한테 장단을 맞추려 하냐. 북 치고 장구 치고 니 맘대로 치다 보면 그 장단에 맞추고 싶은 사람들이 와서 춤추는 거여"처럼 YT세대에게 용기와 위로를 주는 명언들이 담겨 있다.

기존의 흥행공식을 깬 5060 크리에이터들

지금 5060세대의 유튜브 콘텐츠 생산은 본격 궤도에 올랐다. 대표적인 MCN기업인 샌드박스 네트워크의 실버 크리에이터 매니지먼트 담당자는 어느새 흥행 콘텐츠를 위한 포맷이 고착화된 유튜브에서, 기존 문법을 따르지 않는 파격과 새로움이 이들의 성공 요인으로 작용했다고 분석했다. 물론 실버 크리에이터 시장이 고령화된 한국의 인구 인프라에 기대어 있다는 것은 부인하기 어렵다. 그런데도 이들에겐 소위 '존예'나 '존잘'(진짜 예쁘거나 진짜 잘생긴) 캐릭터를 앞세우거나, 철저하게 짜여진 대본으로 진행하고, 13분 이하의 분량으로 만들되 오로지 눈길을 끌기 위해 시청자를 '낚는' 장면을 인트로에 넣는 등의 흥행 공식을 따르지 않고도 충분히 소구력 있는 콘텐츠를 만드는 저력이 있다. 기존 콘텐츠 문법들을 무시하면서도 연륜의 힘이 만들어내는 오락 그 이상의 알파 효과는 이들의 성장세를 이어가게 만드는 요소다.

이제 이들의 유튜브 소비량을 보자. 앞서 언급했듯이, 1020세대 다음으로 유튜브를 오래 시청하는 세대는 3040이 아니라 5060세대다. 50대 이상의 유튜브 사용량은 2018년에서 2019년까지 1년 동안 2배 가까이 증가했다. 2018년 문화체육관광부와 한국콘텐츠진흥원은 〈콘텐츠 산업 2018년 결산과 2019년 전망〉 보고서에서 실버 서퍼에 주목해야 한다는 전망을 내놓기도 했다. 5060세대의 유튜브 소비 패러다임이 지금에 이르게 된 것에 대해서는 다양한 추론이 가능하다. 이는 우리나라가 IT 선진국이라는 국가적인 특수성, 스마트 디바이스의 대중화 트렌드, 5060세대의 경제·문화적 상황 그리고 콘텐츠 효과 때문으로 볼 수 있다. 모바일 데이터 소비량이 3년간 2배 이상 높아진 것을 통해 이들 세대가 스마트폰과 라포˚를 형성하게 되었다는 사실 외에도 데이터 소비의 대부분이 동영상, 즉 유튜브 시청 때문이라는 추론이 가능하다. 결국 5060세대의 급증하는 유튜브 사용의 원천 역시 '콘텐츠'이며 이는 유튜브만의 추천 알고리즘에 기인한다. 그렇다면 이같은 추천 알고리즘은 5060세대의 콘텐츠 소비에 어떻게 기여할까?

필터버블과 확증편향˚, 그리고 가짜뉴스의 홍수

유튜브 콘텐츠를 자주 시청하는 사용자라면 쉽게 인지할 수 있듯이, 유튜브의 콘텐츠 추천 알고리즘은 도돌이표처럼 유튜브라는 무한 루프 안에 갇히게 만든다. 이렇게 추천 콘텐츠 노출과 연속 재생 기능은 사용자를 플랫폼에 오래 머무르게 하는 기술로, 광고 매출을 올리는 데에는 효과적일지 몰라도 개별 사용자의 콘텐츠 편식 행태를 양산하는 결과를 낳았다. 이것은 엘리 프레이저Eli Pariser가 그의 책《생각 조종자들The Filter Bubble》에서 처음으로 언급해 큰 반향을 일으켰던 소셜 미디어에서의 '필터 버블Filter Bubble' 현상과도 같은 맥락이다.

　엘리 프레이저는 인터넷 정보 제공자가 사용자에게 적합한 필터링된 정보만을 제공해 사용자가 특정 정보만 치중해서 보게 되는 현상, 즉 관심 없는 정보는 걸러지고 플랫폼이 사용자가 좋아할 만한 정보 위주로만 추천하는 방식을 '필터 버블'이라고 명명했다. 그는 "나는 정치적으로 왼쪽이지만 보수적인 사람들이 어떻게 생각하는지 알고 싶은데 보수 성향의 글은 내 페이스북에 올라오지 않는다. 페이스

그래서 어느날 보수주의자들이
제 페이스북 피드에서

● TED 강연 중인 엘리 프레이저, "어느 날 보수주의자들이 내 피드에서 사라졌다"라는 말은 온라인 정보제공이 교묘하게 사용자의 취향에 맞는 것만으로 이루어지는 '필터 버블' 현상을 지적하는 것이다.

북은 정보를 필터링하고 있기 때문"이라고 지적했다. 글로벌 시민 단체인 아바즈Avaaz의 공동 창립자이자 미국 온라인 시민 단체 무브온Move On의 이사장이며, 〈워싱턴 포스트〉 칼럼니스트라는 직업까지 가진 그에게 필터 버블은 무한한 정보를 제한하는 별로 바람직하지 않은 알고리즘이었을 것이다. 빌 게이츠 역시 사용자 스스로가 정보를 판단하지 못하고 주는 대로 받아들이는 필터 버블 현상에 대해 경고한 바 있다.

그러나 정보의 홍수 속에서도 취할 것만 취하며 주체적으로 판단하는 이런 집단 말고, 보통 대부분의 사람은 나와 유사한 생각이나 라이프스타일로 공감을 일으키는 콘텐츠만 보고 싶은 것이 인지상정이다. 인간의 대인 관계 역시 결국은 엇비슷한 환경과 취향의 커뮤니티에서 만들어지기 때문이다. 특히 정보를 수렴하는 채널이 한정적이고

YT세대에 비해 심리적 안정감을 중요하게 생각하는 5060세대나 일부 386세대는, 본인의 성향에 맞춤으로 제공되는 편파적인 콘텐츠에 편안함을 느낀다. 이렇듯 이들은 보고 싶은 것만 보이고 듣고 싶은 것만 들리는 유튜브에서 행복함을 느끼며 어느새 유튜브 콘텐츠 소비의 중심에 자리잡았다. 심지어 유튜브는 내가 구독한 채널과 비슷한 성격의 방송을 추천해주는 등, 다른 플랫폼이 노년층에게 잘 베풀지 않는 친절함까지 갖고 있다.

한편, 편향된 정보가 편향된 사용자에게 전달되는 이러한 유튜브 알고리즘은 가짜 뉴스를 확산시키기에도 최적이다. 막대하게 유통되는 유튜브 가짜 뉴스의 파급력은 이제 중요한 사회적 문제로 대두되었다. 2019년 8월, 한국방송학회와 한국심리학회가 공동 주최한 '유튜브와 정치 편향성, 그리고 저널리즘의 위기' 세미나에서 최홍규 EBS 미래교육연구소 위원은 "소비자 인식 조사 결과, 일반적으로 유튜브의 정치 콘텐츠는 편파적이라고 알고 있지만, 막상 본인이 자신과 의견이 같은 콘텐츠에 지속해서 노출되면 결국 편파적이라는 생각을 하지 않게 된다"라며 유튜브 알고리즘의 위험성을 '확증 편향 Confirmation Bias 현상'이라는 말로 설명했다.

또한 사람들이 정치 뉴스를 보기 위해 유튜브에서 보내는 시간은 36분으로 조사되었는데, 이는 지상파의 37분보다 1분 모자라는 수치다. 이제 뉴스를 보기 위해 TV를 켜는 사람보다 유튜브에 접속하는 사람들이 더 많아지리라는 것을 알 수 있다. 유튜브 정치 뉴스 채널은 각각 100만 이상의 구독자를 보유한 진보 성향의 '유시민의 알릴레오'와 보수 성향의 '신의 한수'가 대표적이다. 정치 뉴스를 다루는 채널 역시 55세에서 65세까지의 사람들이 그보다 어린 세대보다 10분 이상 길게 시청하는 것으로 조사되었다.

결론적으로 편향된 콘텐츠, 그러니까 나에게만 달콤한 콘텐츠와 입맛에 맞는 가짜 뉴스를 추천하는 알고리즘은 특히 50대 이상의 노년 세대들에게 적중하며 유튜브 사용량을 늘리는 데에 기여 중이다. 사용자들의 체류 시간 증대가 지상 최대의 과제인 유튜브에 안성맞춤 전략인 셈이다.

디지털 너드, 유튜브 제국의 주인인가 노예인가
(feat. 개미 유튜버의 하루)

유튜브에서는 하루 평균 자그마치 100개의 신규 채널(영상이 연속적으로 업로드 되지 않는 단일 콘텐츠 채널은 제외)이 개설되고 있다. 물론 전 세계가 아닌 한국인 크리에이터가 만든 채널에 국한된 것이다. 사실 구독자 10만 명 이상을 보유한 스타 유튜버나 100만 명 이상인 갓튜버 God+YouTuber 들의 콘텐츠 기획 방향이나 수익, 라이프스타일 등에 대한 정보는 널리 알려져 있다.(심지어 구독자 250만 명의 유튜버 도티와 182만 명의 유튜버 대도서관은 MBC 예능 프로그램 〈라디오스타〉에서 유튜버의 모든 것에 대한 이야기를 풀기도 했다.) 그래서 이번에는 집합의 힘을 대변하는 99% '개미 유튜버'들의 정체성과 그들이 만들어내는 콘텐츠 그리고 그들이 생각하는 유튜브를 말하고자 한다.

그간, 개미 유튜버의 이야기는 어느 매체에서도 보도된 적이 없다.

이러한 이유로 필자는 1천 명에서 1만 명 사이의 구독자를 가진 크리에이터 세 명을 만나 지금 이 시대의 (많은 돈을 벌지 못하는) 유튜버들의 뒷이야기를 듣고 이를 수렴했다.

우선 모두가 궁금해하는 그들의 수익에 대해서 말해보자. 흔히 알고 있듯이 유튜버의 수입은 우선 영상 중간에 삽입되는 광고 수익이 핵심이다. 그 외에 부수적으로, 직·간접적으로 제품을 노출해서 얻는 협찬 광고나 강연 등을 통한 수익이 발생하기도 한다. 쉽게 말하면 조회수 1회에 1원을 벌 수 있으나, '5초 후 광고 Skip'과 '15초 후 광고 Skip' 등 영상에 붙는 광고의 유형에 따라서도 셈이 다양해진다. 단, 앞서 언급했듯이 최소 구독자 1천 명 이상에 1년 평균 콘텐츠 시청 시간이 4천 시간 이상이어야 하는 등, 몇 가지 조건을 충족한 채널이어야 한다.

현재 유튜브에서 채널을 운영하는 크리에이터가 아닌 일반 독자들의 경우는 아래 두 가지 정도만 인지해도 수익 규모를 예상하는 데 어려움이 없을 것으로 보인다.

채널 운영자에게 돌아오는 수익은 ① 채널을 통해 창출되는 전체 수익 중 세금과 유튜브에 배분되는 금액을 제한 나머지 40%라는 것과 ② 배분되는 월 수익은 '(채널 구독자 수 × 200원) + α'로 예상해도 무방하다. (물론, 사용자의 시청 시간이 길거나 반복 시청하는 횟수가 높은 채널은 더 많은 구독자 수를 가진 채널의 수익을 상회할 수 있다.) 편의상의 계산법이지만 '(채널 구독자 수 × 200원) + α'에 의하면, 채널 구독자 1~2천 명 수준의 개미 유튜버들의 월 수익을 50만 원 이하로 가정 시 촬영·편집 등에 드는 노동시간을 감안하면 유튜브 자체 수익만으로는 사실상 마이너스다.

● 2019년 9월 개설된 '전국여행TV' 채널. 기획, 촬영, 편집 등 모든 작업을 크리에이터 1인이 하고 있다.

'유튜브 열정페이'의 등장

실례로 구독자 3천 명 수준의 여행 브이로그 채널을 운영 중인 유튜버(28 살, 남성)의 삶은 어떠할까? 그는 유튜브 제작 에이전시의 편집부에서 근무했던 경력을 살려 주 1회, 10~15분가량의 콘텐츠 업로드를 위해 기획 · 촬영 · 캐스팅 · 편집 · 기타 소품 준비 등의 모든 작업을 자신이 직접 한다. 즉, 예능 방송국 운영을 일당백으로 처리하고 있다는 의미다.

회당 평균 여덟 명의 게스트가 출연하는데 다양한 직업군의 친구들이 개런티 없이 출연하며 1박 2일의 국내 여행을 함께한다. 이후 편집 등 제작 과정은 자신이 소유하고 있는 20평 남짓의 스튜디오에서 진행하며, 이 공간은 다른 크리에이터들에게 유상으로 대여해 수익화하고 있었다. 편집은 하루에 최소 10시간씩 3~4일이 소요되는데 이 모든 과정에 드는 총제작비는 편당 80만 원 선이라고 한다. 구독자 수를 고려하면 수익을 한참 초과하는 비용이지만, 여행하는 모습을 사실적으로 보여주는 브이로그와 예능이 결합된 새로운 포맷, 그리고 완성도 높은 편집으로 채널을 개설한 지 불과 1개월 만에 다양한 송류의 PPL 과 타 예능 채널들과의 협업 제안이 들어오고 있었다.

그는 이 채널 제작을 위해 화제의 웹 예능 〈왓섭맨〉이나 유튜브 예능 채널 '워크맨' 등을 모조리 섭렵했다고 한다. 그는 평소에 TV나 스마트폰, 심지어 지하철의 광고 스크린을 볼 때도 모든 신경을 곤두세워서 자막이 떴다가 사라지는 타이밍, 자막 서체의 디자인과 크기, 부스럭거리는 효과음 등을 확인한다. 콘텐츠를 풍부하게 보여줄 화면 전환이나 카메라 워킹에 관한 공부는 물론이다. 이 사례는 콘텐츠 가내수공업이라는 특수함은 있으나 이쯤 되면 새로운 개념의 '유튜브 열정페이'라고 부를 수 있을 것 같다. 그럼에도, 이들에겐 '10만 구독자를 보유한 유튜버'라는 구체적인 목표가 있기에 다른 취업 준비생들을 울리는 기존의 열정페이와는 다르다.

유튜브 제국의 진짜 주인은 우리!

지금 개미 유튜버들이 말하는 트렌드는 무엇일까? 먹방과 브이로그, 뮤직, 언박싱 콘텐츠에서 어디로 추세가 움직이고 있을까?

첫째는 브이로그와 예능, 드라마, 토크쇼 등 기존 TV프로그램 포맷과의 접목이다. 일상의 기록이나 겟레디위드미[GRWM] 같은 평온한 브이로그 콘텐츠와는 별개로 시장이 세분화(육아, 여행, 직업 체험기 등 최근 브이로그 콘텐츠의 40% 이상은 예능)되며 '브이로그 예능'이 각광받고 있다. tvN 〈일로 만난 사이〉나 KBS 〈배틀트립〉같은 각본없는 리얼 TV 예능들이 유튜브에서 확산되어 가는 현상으로 해석된다.

둘째는 사그라질 기미가 보이지 않는 '마력 콘텐츠'의 힘이다. 마력 콘텐츠란 내용은 별것 없지만 생각 없이 보면서 빠져들 수 있는 소위 '멍 때리기 좋은' 콘텐츠를 뜻한다. 이는 "콘텐츠는 스토리텔링이 중요하다"는 전형적인 콘텐츠 제작 문법을 파괴한 것으로, 그야말로 유튜브만이 담아낼 수 있는 콘텐츠가 아닐 수 없다. 예를 들어 얼음 위에 뜨거운 용암을 흘리는 영상이나 단순한 공구나 장난감을 가지고 노는 ASMR, 글씨를 반듯하게 써 내려가는 모습을 아무 생각없이 보다 보면 어느 새 시간이 훌쩍 지나간다. 이것이 바로 별다른 내용 없이도 계속 영상을 보게 만드는 마력의 콘텐츠인 것이다.

셋째는 TV스타들의 반격이다. 소셜 인플루언서 외에도 최근에는 소위 'A급 스타'인 배우 한예슬, 강동원, 이하늬나 〈무한도전〉의 김태호 같은 스타급 PD까지 유튜브 활동을 시작했다. TV 등 기존 레거시 미디어에서 활동해 온 연예인들이 이처럼 유튜브로 뛰어들면서, 1인 미디어의 파급력은 강해졌고 전방위로 유튜브 크리에이터와 TV스타들의 경쟁이 시작되었다. 구독자와 시청 시간 나눠 먹기 경쟁이 그것이다. 이러한 움직임은 PD나 작가의 일방향적인 기획에 지친 스타들이 유튜브에서는 직접 보여주고 싶은 모습을 자연스럽게 노출(기획이나 대본 없이 간단하게 아침 식사를 하는 소소한 일상도 콘텐츠가 됨)할 수 있다는 점에서 출발한다. 이름이 알려진 연예인이기 때문에 채널 개설과 동시에 10만 명 이상의 구독자가 확보되며, 이에 따른 수익은 덤인 셈이다. 2015년이 공격적으로 아마추어 크리에이터들이 모바일 미디어로 진입하던 원년이었다면, 이제 방송 전문가들마저 기존 미디어를 벗어나 모바일 미디어로 영역을 확장 중이다.

하루 10시간 이상을 영상 편집에 매달리고, 온 세상의 스크린에서 자막과 폰트만 보이고, 세상의 모든 단어가 영상 업로드할 때 써야 할 해시태그 키워드로만 보인다. 하루 종일 나의 콘텐츠와 유사한 콘텐츠들에 댓글을 달고 이를 상위에 올린 뒤에 해당 채널의 구독자를 내 채널로 유입시키는 (개미 유튜버들은 이를 '빨대 효과'라 부름) 교활한 작업까지 불사한다.

"그렇다면, 당신은 유튜브 제국의 주인인가? 아니면 노예인가?" 이 질문에 개미 유튜버들은 이렇게 답한다.

"노예요? 아니에요. 유튜브가 우리에게 바라는 건 하나도 없거든요. 우리가 구독자 싸움을 하든, '관종' 짓을 하든, 봉지 라면 40개를 먹다가 새벽에 응급실에 실려가든 아무 상관을 안 해요. 우리가 없으면 유튜브는 죽어요. 그러니까 우리가 유튜브 제국의 주인이죠."

WWW에서
CCW의 시대로

'www' 혹은 '따따따', 이는 현대인의 일상적인 대화에서 빈번히 등장하는 단어이며 초등학생들도 외울 수 있는 가장 보편화된 인터넷의 정의다. 1989년, 유럽 입자 물리 연구소의 팀 버너스리^{Tim Berners-Lee} 박사가 문자·그림·음성 등의 데이터를 시각적으로 표현할 수 있는 표준 문서 형식을 규정한 것이 '월드와이드웹^{www}'의 근간이 되었다. 그리고 1991년 이후 지금까지 우리는 WWW의 시대에 살고 있으며 이를 통해 세상의 모든 것을 보고 읽고 상상하며 검색한다.

월드와이드웹을 구성하는 HTML 형식으로 작성된 다양한 데이터들은 인터넷상에서 복잡한 네트워크를 형성하고 있다. 그 모양이 거미집처럼 복잡하게 연결되어 있어 '세상에 널리 퍼진 거미줄^{world wide web}'이라고 불렸다. 이처럼 인터넷 프로토콜^{IP, Internet Protocol} 주소들이 거미줄

〈유튜브의 콘텐츠 크리에이팅 웹〉

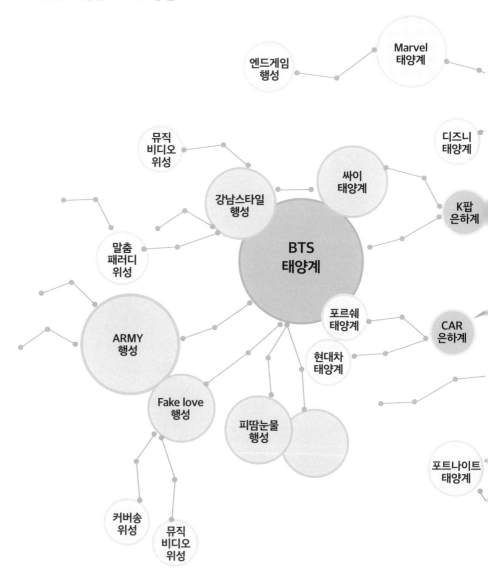

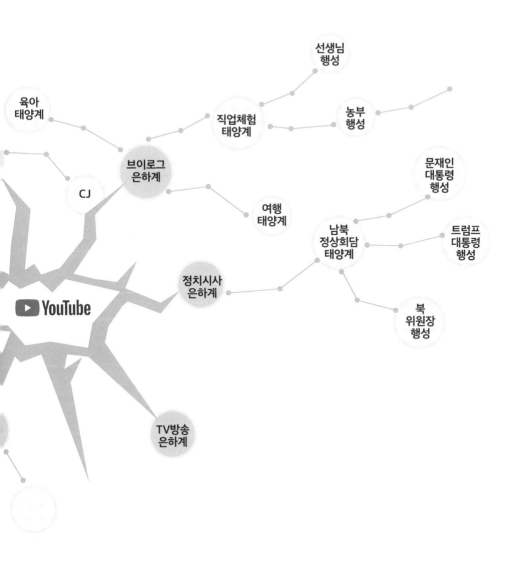

처럼 얽히고 연결되어 있는 구조에서 사용자가 데이터를 찾고 이를 통해 또 데이터가 쌓이는 WWW의 패러다임은 지금 유튜브가 만들어가는 콘텐츠 세상과 흡사하다. 지금 무한대로 확장하고 있는 유튜브 콘텐츠의 방대함은 크리에이터와 사용자 간의 복합적인 상호 작용으로 만들어진 것이기 때문이다.

이러한 유튜브의 콘텐츠 확장성을 은하계The Galaxy와 태양계The Solar System로 만들어진 우주The Universe에 빗대어 설명해보자. 유튜브라는 우주에 K팝이나 영화 등의 은하계가 존재한다면 K팝 은하계에는 싸이와 BTS 같은 억 개 이상의 태양계들이 존재할 것이다. 이중 BTS 태양계에는 BTS 공식 팬클럽인 아미ARMY나 페이크러브Fake Love같은 행성들이 모여 있을 것이고 페이크러브라는 행성 주위에 다시 수백만 개의 커버송들이 마치 위성처럼 옹기종기 돌고 있는 형태이다. 물론 이러한 K팝 은하계 안에는 BTS나 싸이처럼 무한히 큰 태양계가 형성되기도, 드문드문 소수의 행성들만 보이는 작은 규모의 태양계도 있을 것이다. 실례로, 브이로그 은하계에서 인기있는 직업 체험 콘텐츠의 경우, 최근 힐링 브이로그로 각광받고 있는 농부 체험기가 전국의 크고 작은 농장에서 쉴 새 없이 행성과 위성이 되어 생산되고 있지만 아직은 작은 태양계에 머물러 있는 경우다. 그럼에도 2013년 유튜브를 뒤흔들었던 미 해군의 강남스타일 패러디 행성을 비롯하여 무수한 행성들이 모여 싸이라는 거대한 태양계를 만든 것처럼 유튜브는 무한 우주이다. 즉, '싸이'라는 태양계가 낳은 '강남스타일'이라는 행성은 전 세계의 각양각색의 패러디 위성 콘텐츠들이 만들어낸 유튜브라는 우주의 신화인 것이다.

앞 그림은 유튜브라는 거대한 우주에서 콘텐츠가 연쇄적으로 생산되는 과정을 보여준다. 엄밀히 은하계는 천체들의 무리이고 태양계 역시 수많은 행성과 소행성, 위성들이 속해 있지만 독자들의 이해를 돕기 위해 편의상 의식의 흐름에 따른 마인드맵으로 표현하였다.

이렇듯, 지금 유튜브는 거대한 콘텐츠 크리에이팅 웹Contents Creating Web 즉, CCW 세상을 만들어나가고 있다. 하나의 IP에서 파생된 콘텐츠는 다양한 가지치기로 파생된 서브 IP로 또 다른 콘텐츠를 낳고 유사한 카테고리의 콘텐츠끼리는 '좋아요'와 '댓글'이 상호 공유되며 채널 구독자와 시청자가 교환되고 그렇게 또 다른 은하계와 태양계 그리고 행성과 위성끼리 얽히며 CCW는 정교하게 뻗어간다. 그리고 새로운 소셜 트랜드는 또 다시 새로운 은하계를 낳는다.

1991년 시작된 WWW라는 텃밭에서 2020년의 유튜브는 CCW의 시대를 만드는 중이다. 바야흐로 유튜브 제국이다.

소셜 미디어 콘텐츠는 당신이 아닌 당신의 스토리

피드Feed	소셜 미디어에서 친구 네트워크에 속한 회원들의 새로운 활동, 메시지, 혹은 친구 추천 목록 등을 지속적으로 업데이트해주는 것을 말한다.
해시태그Hash Tag	소셜 미디어에서 게시물과 관련된 단어나 문구 앞에 해시(#)라는 꼬리표를 붙여서 연관된 정보를 묶을 때 사용하는 기호. 메타데이터 태그의 한 형태로, 2007년 트위터에서 관련 게시물을 묶는 목적으로 시작되었으나 지금은 검색 용도로 확장되었다.
PMI Post-Merger Integration	전략기업간 인수합병 후, 의도했던 만큼의 주주가치 창출이나 경영성과를 이루지 못하자 1990년대부터 PMI 전략의 중요성이 부각되기 시작했다. 인수합병 이후 예상되는 조직의 변화 관리 및 경영자의 리더십 · 기업문화 · 리스크 관리가 핵심을 이룬다.

아재들의 스크랩북으로
전락한 페이스북

#DeleteFacebook 운동이라는 것을 들어봤는가? 2018년 페이스북은 영국의 데이터 분석 및 정치 컨설팅 업체인 케임브리지 애널리티카 Cambridge Analytica에 페이스북 사용자 8,700만 명의 데이터를 사용자 동의 없이 공유하여 그간의 선거에 영향을 미쳤다는 의혹을 받았다. 현재는 미 연방통신위원회 FTC의 조사를 받고 있다. 페이스북 사상 최대의 정보 유출 사태와 관련하여 일부 저명인사들은 소셜 미디어에 "페이스북을 삭제하라"며 분노를 표출하면서 집단 탈퇴 움직임을 보이기까지 했다. 여기에 미국 민주당의 대선주자인 엘리자베스 워런 Elizabeth Warren 상원의원마저도 페이스북의 해체를 주장했다. 이것이 바로 페이스북의 치욕스러운 #DeleteFacebook 운동이다.

또한 2018년 3분기 이후, 페이스북의 경영 실적과 사용자 수 역시 월스트리트의 예측에 한참 못 미치며, 부진함을 이어오고 있다. 마크 저커버그 CEO와 데이비드 웨너David Wehner CFO는 보안 강화를 위해 들인 막대한 비용을 이유로 이 같은 추세가 당분간 이어질 것 같다는 입장이다. 그러나 애널리티카 악재로 시작된 보안 시스템 재정비가 마무리된다고 해도 페이스북이 예전의 호시절로 돌아갈 수 있을지는 미지수다. 많은 이유가 있겠지만 가장 중요하게는 소셜 미디어의 힘은 시시콜콜함에 있기 때문이다.

우리는 일상의 시시콜콜한 기록을 담기 위해서 필연적으로 소셜 미디어에 매일 방문한다. 그러나 현재 페이스북의 일일 순 방문자 수Daily Active User는 정체 중이거나 하락하고 있다. YT 세대들은 시시콜콜함을 잃은 지루한 페이스북을 떠난 지 오래되었고, 소위 '아재'들만이 마치 에버노트 메모장처럼 단순히 정보를 주고받거나 본인만의 아카이브로 활용 중이다. 페이스북이 뉴스링크 공유 플랫폼으로 전락하고 있다는 말이다. 글로벌 추세가 그러하고 한국의 경우는 더욱 빠르다. 심지어 미국에서는 CB 인사이트CB Insight가 진행한 10년 내 적자 전환이 예상되는 기업 조사에서 59%라는 수치로 1위를 차지하는 수모를 당하기까지 했다. 페이스북의 이런 조짐을 어떻게 봐야 할까?

질문을 바꿔보자. 왜 페이스북에서는 시시콜콜한 콘텐츠가 사라져 가고 있는가? 혹자는 이에 대해 페이스북이 인스타그램(2012년 페이스북이 인수함)과 사용 연령층을 전략적으로 구분하기 위해서라는 주장을 하기도 한다. 그러나 이유는 크게 두 가지다. 첫째는 유행에 민감한 소셜 미디어 본연의 변덕스러움 때문이고, 둘째는 글자에서 사진과 동영상으로 변화되어가는 모바일 소통의 격변기에 페이스북의 잡다한 기능(뉴스 추천, 게임 연동 등)이 오히려 적절한 대응을 못했기 때문이다. 장문의 글로 잡다한 정보를 주어야 하는 상황이 아닐 경우, 페이스북은 사진과 동영상, 실시간 중계를 통한 빠른 소통을 하기에는 불편하다. 이는 즉각적인 공유와 재생산이 절실한 YT세대들이 페이스북을 빠져나가는 결정적인 계기가 됐을 것이다. 인스타그램은 2018년 미국 기준으로 사용자의 90%가 35세 이하로, 확실히 젊은 층에 특화된 소셜 미디어다. 반면 페이스북은 여전히 대중적이긴 하나 사용자들은 나이를 먹고 본연의 '시시콜콜함'의 힘은 잃어가는 중이다.

주위에 10~20대가 있다면 물어보라. "페북이요? 안들어간 지 꽤 오래됐어요. 친구들이 안 쓰니깐 들어갈 일이 없어요. 초등학생들이 페메Facebook Messenger는 좀 쓰더라구요." (초등학생들이 페이스북은 안 쓰면서도 페이스북 메신저 기능만 사용하는 이유는, 본인 소유의 모바일이 없어도 사용할 수 있고 어른들이 말을 걸지 않는 그들만의 커뮤니티 형성이 가능하기 때문이다.)

물론 이러한 많은 우려들 속에서도 전 세계 23억 명(유튜브의 사용자 수는 20억 명)이 넘는 회원 수를 보유한 페이스북이 쉽게 사라지지는 않을 것이다. 다만 소셜 미디어의 생명이 시시콜콜한 것들을 담아내는 데 있고, 이러한 일상의 기록들이 결국 사용량과 광고주를 움직이는 동력임을 전제한다면 지금의 페이스북은 역행하고 있는 것이 사실이다. 시시콜콜함을 잃은 소셜 미디어, 그것을 여전히 '소셜' 미디어라고 할 수 있을까?

인스타그램,
시시콜콜함의 힘

"당신은 페이스북과 인스타그램 중 어디에서 더 자주 더 오래 머무르나요?"

　필자가 소셜 미디어 이야기를 시작하기 전에 늘 건네는 질문이다. 불과 몇 년 전까지만 하더라도 직장인은 페이스북을, 대학생은 인스타그램이라고 답했으나 2018년 이후, 학생 집단은 물론이고 40대 직장인들까지도 페이스북은 계정만 갖고 있거나 일주일에 한두 번꼴로 방문하는 추이를 보인다. 우리는 한정된 미디어 소비 시간 동안 네이버와 구글, 유튜브, 넷플릭스도 방문해야 하고 주말이면 극장에서 개봉하는 신작도 봐야 하기에, SNS에서는 사진과 영상으로 가볍고 빠르게 소통하기를 원한다. 무엇보다 인스타그램은 쉽다. 콘텐츠 생산과 업로드에 있어서 용이한 접근성과 최소한의 글자로 인한 빠른 사용 속도감,

이것이 인스타그램의 급격한 성장 이유다.

앞서, "페이스북은 아재들이 메모장처럼 사용하는 스크랩북"이라는 과격한 표현을 썼는데 이는 결국 소셜 미디어 본연의 시시콜콜함을 잃고 단순한 정보 전달 플랫폼으로 전락하고 있음을 의미한다. 마크 저커버그의 의도된 전략은 아닐 테고, 사용자들이 편의적인 선택을 한 결과다. 그렇다면 페이스북, 인스타그램, 왓츠앱Whatsapp까지 글로벌 소셜 미디어 서비스들을 모두 손에 쥐고 있는 마크 저커버그 본인은 지금 무엇을 어떻게 사용할까?

위의 이미지는 같은 날, 저커버그의 페이스북과 인스타그램 피드다. 저커버그의 생일인 것으로 추정되는 이날, 그는 인스타그램에는 동료들이 선물한 육고기 모양의 생일 케이크 사진만 올린 반면, 페이스북에는 글로벌 IT여성 리더를 대표하는 페이스북의 COO 셰릴 샌드버그Sheryl Sandberg를 비롯해 17명의 동료들을 태그한 사진을 올리며 이들과 또 함께할 앞으로의 1년에 감사한다는 마음을 전했다. 저커버그는 페이스북을 사업적으로도 훌륭히 활용하는 오너다. 저커버그의 타임라인에 쌓여가는 페이스북 경영 실적과 서비스 런칭 소식, 연례 개발자 회의F8 같은 페이스북의 글로벌 이벤트들은 공식 보도보다 빠르고 정확하게 전 세계 20억 사용자에게 전달된다. 이는 페이스북의 오너이자 최고 경영자가 플랫폼의 정체성을 성실하게 보여주는 대목이지만, 여전히 소셜 미디어의 핵심 경쟁력인 '시시콜콜한 매일의 기록이 만들어내는 트래픽'과는 멀어지고 있다는 우려를 씻어내기 어렵다.

2012년 인스타그램을 인수할 당시, 저커버그도 언젠가는 한 우산 안에서 페이스북과 인스타그램의 사용 집단과 목적이 구분될 것이라고 예상했을 것이다. 그럼에도 사랑하는 딸 맥스와 반려견과의 소소한 일상까지 페이스북에 우격다짐으로 담아내는 그의 포스팅을 보자면, 페이스북을 향한 경영자의 초조함이 느껴진다. 사용자들의 소비 패턴이 만들어낸 트렌드가 페이스북의 PMIPost Merger Integration 전략°보다 빠르게 변화 중인 경우로 볼 수 있다.

지금, 인스타그램의 사용량은 폭발적이다. 각종 포털에서는 인스타그램의 사용량이 페이스북, 스냅챗 같은 여타의 소셜 미디어들을 역전하며 폭주하고 있음을 보여준다. 흥미로운 건, 이처럼 넘쳐흐르는 정

〈인스타그램 일일 순 방문자 수 증가 추이〉

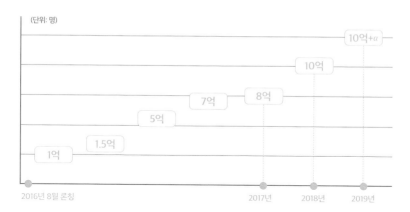

(단위: 명)

10억+α

10억

7억   8억

5억

1.5억

1억

2016년 8월 론칭   2017년   2018년   2019년

〈미국 소셜 미디어 사용 점유율 변화〉

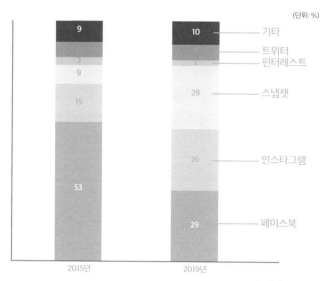

(단위: %)

2015년	2019년	
9	10	기타
8	6	트위터
3	1	핀터레스트
9	28	스냅챗
15	26	인스타그램
53	29	페이스북

• 만 12세 이상 34세 이하

량적인 데이터들이 무색하리만큼, 어느새 인스타그램은 메신저 기능까지 흡수하고 있다는 것이다. 소셜 미디어에서 생산되는 피드와 댓글이 사용자의 방문 횟수와 체류 시간을 늘리며, 급기야 사용자들은 댓글 공간에서 해당 게시물과는 상관없는 '자기들끼리의 소통'을 시작했다. 예를 들어, 친구가 테니스 레슨 동영상 피드를 게시하면 몇 분 지나지 않아 "이따 디너 어디로 예약할까?" 라는 댓글이 달리고 또 몇 초 지나지 않아 바로 "이탈리안 말고 타이음식 어때", "갓잇(Got it)!" 등, 수분 내에 소셜미디어에서 피드와 무관한 소통을 수시로 하는 식이다. 사용자들의 흔적은 매 순간의 시간 값과 함께이니 메신저 기능을 대체하기에 부족함이 없다. 인스타그램의 콘텐츠에 메신저의 기능이 더해지는 순간, 이보다 더한 시시콜콜함의 극치가 있을까 싶다. 소셜 미디어의 끝은 바로 메신저가 되는 순간이기도 하다.

23억 명의 페이스북과 10억 명의 인스타그램, 단순히 가입자 규모로만 비교하자면 페이스북이 2배 이상 더 많은 사용자를 보유하고 있다. 그러나 소셜 미디어 본연의 가치 측면에서 일일 순 방문자 수와 체류 시간이 가파르게 늘고 있는 인스타그램은 이미 페이스북을 집어삼켰다. 이를 만드는 힘은 메신저의 역할마저 수용하기 시작한 인스타그램의 시시콜콜한 콘텐츠들이다.

먹스타그램은 끝났다
이제는 '셀 *sell* 스타그램'이다!

먹방, 평범한 일상을 동영상으로 공유하는 브이로그, '우리 같이 준비해요'라는 GRWM, 심리적인 안정을 유도하는 ASMR 등의 콘텐츠는 지난 몇 년간 유튜브를 이끌어 온 화두였다. 특히 먹방은 아름다운 외모의 셀럽이 아니더라도 누구나 만들 수 있는 콘텐츠로, 인스타그램으로 넘어오며 먹스타그램이라는 신조어까지 만들어졌다(한국의 '먹스타그램' 해시태그는 7천만 개 정도로 해외의 'Eatstagram'보다 70배 이상 많다). 그런데 어느 순간 급속한 트래픽 성장과 함께 인스타그램에서 '판매', '커머스'라는 새로운 기류가 만들어졌다.

이른 아침, 눈뜨자마자 인스타그램에 접속하고 한참 피드를 내려보다 싱그러움이 뚝뚝 떨어지는 복숭아와 자두 사진을 구경한다. 그러다 과일 농장주인 돌파머 Dolfarmer 의 인스타그램 계정에서 딱딱이 복숭아 4.5kg과 체리 자두 2kg을 주문했다. 농장주 부부와 아들이 직접 수확한 복숭아 사진이나 청명한 복숭아 밭, 품종에 따른 수확 방식을 설명하는 동영상을 보면 여타의 어떤 온라인 쇼핑몰보다도 신뢰가 간다. 오전 11시경에는 파워 인스타그래머의 건강한 피부 사진 피드와 관련 해시태그를 보고 주저 없이 영양 보조제를 결제했다. 또한, 체스를 좋아하는 아들 사진과 해시태그를 종종 피드에 올렸더니, 언젠가부터 체스 판매자들이 나를 팔로우하기 시작했다. 이윽고, 체스판 광고 피드가 보이기 시작하더니 결국 잠자기 전 침대에서 여행용 체스판을 또 결제했다. 오늘 하루에만 기존의 쇼핑몰 앱이 아닌 인스타그램 피드를 통해 3개의 제품을 구매한 것이다.

최근 팔로워 층이 두터운 파워 인스타그래머들의 판매 활동을 보자면, 인스타그램은 소셜 미디어를 넘어 커머스 플랫폼의 대체제가 된 듯하다. 인스타그램 커머스(이하 '인스타 커머스')는 크게 두 가지 부류로 구분할 수 있는데 하나는 기존의 인터넷 쇼핑몰을 홍보하는 채널로 이용하는 방식, 또 하나는 인스타그래머의 스토리를 커머스와 연계하는 방식이다(전자의 경우 단편적인 홍보 기능이 전부이므로 이 글에서는 논외로 한다).

물론 짐 스콰이어스Jim Squires 인스타그램 비즈니스 및 미디어 총괄 부사장은 한국 시장에서 인스타그램의 확장성에 대해 '비즈니스 플랫폼으로의 도약'이라 거창하게 설명하였으나, 해당 비즈니스는 아직까지는 제품 소개와 판매로 국한되어 있는 것이 사실이다. 따라서 인스타그램에서 대세가 된 커머스 활동을 '셀Sell 스타그램'이라 지칭하고 이러한 셀스타그램이 인스타그래머들의 스토리에서 출발하는 것을 '콘텐츠가 커머스에 더하는 힘'으로 설명하고자 한다.

모바일만 열면 명품과 신선식품까지 집 앞까지 배달되는 온라인 쇼핑몰 시대에 대형마트와 백화점들의 위기를 논하던 때가 있었다. 그런데 대형마트와 백화점들을 위협하던 그 온라인 쇼핑몰들마저 이제 인스타그램과 커머스 경쟁을 하거나 인스타그램으로 커머스에 발을 딛고 이를 인터넷 쇼핑몰로 확장하는 게이트웨이로 활용한다. 사용자에게 인스타 커머스의 소비 철학은 전통적인 온라인 쇼핑몰과는 결이 다르다.

온라인 쇼핑몰의 붐으로 미국 월마트가 매장 수를 줄이고 해외 유명 백화점들이 차례로 폐업해갈 때 우리는 똑똑한 소비자는 발품을 팔고, 더 이상 비싸게 사지 않는다고 분석했다. 그런데 지금 사람들은 인스타그램에서 상품을 구매할 때 똑똑한 소비 공식만을 준수하지 않는다. 수개월, 수년 동안 그와 그녀의 피드를 훔치다 보면, 어느 순간 그들의 외모와 패션, 친구, 가족, 여행, 로맨스, 반려견, 음식, 문화 활동 그리고 짤막짤막 올라오는 글에서 보이는 라이프스타일과 철학까지 그 (그녀)의 모든 것은 우리에게 잘 이어진 스토리가 된다. 스토리가 매력적인, 즉 자신의 소셜 콘텐츠를 보유한 인스타그래머의 팔로워 수는 늘게 되고, 일정 규모의 팔로워를 보유한 파워 인스타그래머들은 약속이나 한 듯이 커머스에 발을 들이고 있다.

물론 인스타그래머들의 성향에 따른 변수는 있겠으나, 현재의 트렌드로는 팔로워 수가 3천~5천 명에 이르면 테스트 제품을 판매하며 커머스를 시도하고, 1만 명 이상이 되면 유튜브 채널을 개설하며 커머스 사업 모델에 광고 사업 모델을 더하는 구조가 일반적이다. 이렇게 소셜 영향력을 확장하며 팔로워 수가 5만 명 수준이 되면 본격적으로 커머스 사업이나 PPL 유치를 추진하고, 10만 명 이상에 달할 때는 완전한 기업화의 가능성이 보인다.

무엇보다 중요한 것은 '이야기의 힘'

실례로, 필자가 2016년부터 인스타그램에서 팔로우하고 있는 M은 한 중소 석유화학 회사의 중년 CEO다. 패션을 좋아하는 멋쟁이지만, 그는 수십 개의 명품 행사를 빠지지 않고 방문하거나 시시각각 신제품을 소개하는 기존 '패피Fashion People'들과는 결이 달랐다. 물론 파워 인스타그래머들이 전달하는 콘텐츠에는 재미와 정보가 필수다. 그러나 수년간 그가 전달해 온 콘텐츠에는 여타의 패션 계정과는 확연하게 다른 희소한 취향과 일관된 철학이 있었다. 그의 게시물에 등장하는 아이템들이 이미 사장된 상품으로 인식돼오던 클래식 안경과 빈티지 나이키 운동화라는 점은 새로웠고, 패션에 대한 글을 맛깔스럽게 쓰는 인스타그래머가 회계사 출신의 경영 컨설턴트였다는 커리어 역시 흥미로웠다. 여느 유명 칼럼니스트 못지않은 그의 패션 스토리는 결국 기하급수적으로 늘어나는 팔로워로 이어졌고 팬덤을 동반한 콘텐츠는 더욱 탄력을 받기 시작했다.

　이렇게 패션에 대한 본인의 철학을 라이프스타일과 버무려 에세이를 이어가던 M은 3년이 지난 2018년 7월, 프레임몬타나Frame Montana

라는 클래식 안경 브랜드를 론칭했다. 이와 동시에 하나의 브랜드를 론칭하기까지의 지난한 과정을 '#덕후질에서길찾기', '#실전MBA'라는 해시태그로 연재하며 그를 팔로우하는 십만 명에 가까운 젊은 청년들의 참여와 공감을 이끌어냈다. 결국, 작은 회사를 운영하는 M이라는 중년 CEO의 스토리는 패션 철학, 라이프스타일, 새로운 도약을 위한 실질적인 과정과 열정이 실타래처럼 얽혀져 하나의 콘텐츠로 전달되고 있다. 프레임몬타나의 성공적인 론칭은 소셜 미디어에서 나의 콘텐츠와 커머스가 이상적으로 연계되며 시너지를 가져온 대표적인 사례다.

CEO이자 파워 인스타그래머인 M과의 인터뷰를 진행하면서 확실하게 깨달은 바가 있다면, 인스타 커머스와 상호작용하는 콘텐츠는 소셜 미디어 플랫폼의 피드에 매 순간 업로드되는 분절된 콘텐츠들이 아

니라 이를 엮어내는 스토리텔링이라는 점이다. 이는 실리콘밸리의 대부이자 구글의 모회사인 알파벳 이사회 의장, 존 헤네시 Jhon Hennessy가 《어른은 어떻게 성장하는가》라는 책에서 "누군가를 설득하기 위해서는 논리가 아닌 스토리텔링이 필요하다"라고 말한 것과 맥락을 같이 한다.

M은 "우리가 사는 것은 당신의 제품인가요, 당신의 스토리인가요?" 라는 필자의 질문에 한 치의 망설임도 없이 *"그것은 6:4 법칙을 따른다"*고 답했다.

다시 말해, 상품 본연의 가치 60%와 파워 인스타그래머의 스토리가 기반이 된 팬덤 효과 40%가 복합적으로 작용하여 구매로 이어진다는 결론이다.

그가 강조한 두 번째 키워드는 '트레이드 오프 Trade Off'다. 팬덤 효과를 위해서는 매력의 전달이나 희소한 정보 전달 중 적어도 하나가 필요하며 이것이 곧 구매 행위로 이어지는 콘텐츠라는 뜻이다. 6:4 법칙은 상품성과 팬덤 효과 사이에서 끊임없는 줄다리기로 조정될 것이나, 인스타 커머스에서 콘텐츠의 힘은 '40% + α'이다. 프레임몬타나는 론칭과 동시에 일 매출 3억 원을 넘겼고 2019년 6월에는 소규모 IR로 투자 유치를 진행했으며 론칭 9개월만에 면세점에 입성하는 등, 현재 승승장구 중이다.

한편, 인스타그래머가 재능과 꿈을 이뤄가는 오랜 과정이 하나의 '성장 스토리'로 완성된 사례도 있다. 윈도우 아티스트 N은 척박한 그림 시장과 "밥은 먹고 살겠냐"는 주변의 우려에도 불구하고 마냥 그림을 그리는 사람이 되고 싶었다고 한다. 그간 '윈도우 페인팅'이라는 독특한 예술 작업을 해오며 인지도를 쌓아왔던 그녀는 '시들지 않는 꽃'이라는 소재로 첫 개인전, 〈그림 같은 삶 Pictorial Life〉을 열며 폭발적인 인기와 두터운 팬덤 층을 확보했다.

지난 5년여 간 그녀는 인스타그램을 통해 크고 작은 예술 작업들의 기획부터 완성, 유통까지의 전 과정을 팔로워들에게 공유하며 그들과 함께 성장했다. 자연을 향한 따뜻한 시선과 내 주변에도 늘상 있는 것 같은 지극히 평범한 친구들과의 교류는 보는 이에게 힐링을 주며 그녀에게 응원과 지지를 보내게 했다. 물론 전시와 작품 판매 수익도 쏠쏠하겠지만, 직접적인 커머스 활동이나 가격 노출로 팔로워들을 불편하게 하지 않기에 자랑질과 상품 판매에 집중하는 셀러들에 지친 팔로우들에게는 휴식같은 콘텐츠다. 그녀의 무공해 인스타 스토리가 종이로 만든 '시들지 않는 꽃'이라는 청량한 소재와 어우러진 것도 신의 한 수였다.

　이렇듯, 내 본연의 콘텐츠는 결국 개인의 매력이 발전시켜 가는 이 야기로 갈음되며 여기에 재미와 희소한 정보들이 더해질 때 규모감 있 는 팔로워 수를 동반하게 된다. 즉, 고객이 돈을 지불하는 것은 제품의 가치와 인스타그래머가 갖고 있는 서사 중간 어디쯤이며, 이는 곧 '소 셜 미디어에서의 콘텐츠는 당신이 아니라 당신의 스토리'라는 것을 의 미한다.

생활 포털이 되어가는
'서칭 *searching* 스타그램'

*"한국에 블루보틀*Blue Bottle Coffee*이 들어왔대. 성수동에 1호점이 있다는데*
가볼까? 분위기 어떨까?"

　　맛집 탐방을 위해 어딘가를 방문하기 전, 매장 분위기나 방문객들
의 반응이 궁금하다면 포털 사이트의 블로그나 구글 맵, 네이버 지도
중에서 우리는 어디를 통해 검색하는 것이 빠르고 정확할까? 지금 구
글 맵과 인스타그램에서 동일한 맛집을 동시에 검색할 경우, 그 어떤
곳을 입력하더라도 검색 결과의 양에서 인스타그램을 이길 수 없다.
다음 이미지는 동일한 날짜(2019년 11월 3일)에 성수동 블루보틀 1호점
을 유튜브와 인스타그램, 구글 맵에서 검색한 결과다. 2019년 5월 3일
개점한 이후 인터넷을 뜨겁게 달궜던 '블루보틀' 검색어는 해당일인
11월 3일 검색 결과, 인스타그램에서는 17개의 해시태그에 게시물이

<‘블루보틀’ 검색 결과 비교>

2,600여 개가 올라와 있어 블루보틀에 대해 궁금한 게 무엇이든 웬만한 내용은 모두 인스타그램에서 해결할 수 있을 정도다. 이에 반해 유튜브는 조회수는 높지만 내가 딱 원하는 콘텐츠를 찾아서 보기에는 불편한 감이 없지 않다. 게다가 조회수가 높은 콘텐츠는 대부분이 오래된 것들이다. 구글은 정확한 위치 정보가 강점으로 단편적인 정보만을 제공하기 때문에 블루보틀의 모든 것에 대해 시시콜콜 알고 싶은 갈증을 풀어주기에는 역부족이다. 결국 검색 콘텐츠의 양과 질 면에서 인스타그램이 압도적인 우위를 보이고 있음을 알 수 있다.

구글은 추월 중, 유튜브는 추격 중

검색 서비스의 생명은 무엇보다 사용량이다. 콘텐츠 업로드와 콘텐츠 소비가 만들어내는 누적 사용량을 통해 검색 서비스는 보완되어가며 정확도와 신뢰도가 점점 향상되는 것이다. 이 이미지는 장소 검색으로 한정된 단편적인 비교이긴 하나, 한국 검색 서비스 시장의 현주소를 보여준다. 네이버와 구글을 추월하며 유튜브와 경쟁 중인 인스타그램. 이제 우리는 무엇을 검색 포털로 활용할 것인가?

　이 같은 인스타그램의 풍부한 검색 결과는 의심할 여지없이 쉴 새 없이 쌓여가는 해시태그* 덕분이다. 지금 이 순간도 인스타그램에서는 연관 해시태그를 통해 각양각색의 리뷰와 사진, 동영상들이 실시간으로 업로드되고 있다. 물론 인스타그램에서는 공신력 있는 뉴스나 문서화되어 잘 정돈된 정보를 찾을 수는 없지만, 일상생활에 필요한 정보들은 구글이나 유튜브보다 더 생생하고 더 빠르게 찾을 수 있다. 요즘

핫한 매생이팩의 후기와 여행 중 사용법은 인스타그래머의 여행 스토리에 살짝 담겨 있으며, 주일 예배 후 시어른들과 갈 만두전골 맛집은 #효도놀이맛집 #어른맛집 #만두전골 등의 해시태그를 통해서 쉽게 찾는다. 교회 근처의 식당을 하나 고르면 5분 전에 그 식당을 다녀온 사람이 올린 피드를 곧장 확인할 수도 있다.

그래서 지금, 한국을 넘어 전 세계적으로 기업, 매장, 식당들이 번잡한 유튜브 채널 운영 대신 인스타그램 계정을 선택하는 추세다. 사진과 동영상이 효율적으로 배분된 인스타그램의 사용 속도와 근접성 외에도 쌓여가는 해시태그가 만들어내는 검색 결과의 신뢰도 때문이다. 이쯤 되면 지구상에 이보다 더 빠르고 광범위한 생활 포털이 있을까 싶다.

물론, 지도 서비스가 아니기 때문에 인스타그램에서 길 안내까지는 불가하다. 그럼에도 일방향적인 길 안내 서비스의 경우, 대부분이 엇비슷하다는 점을 감안하면 결국 어떤 길을 안내받을 것인지까지의 선택 과정이 중요하다. 우리가 필요로 하는 것은 나와 취향이 비슷한 인스타그래머들의 선호 공간에 대한 정보이기 때문이다. 지난주에 성동구에 생겼다는 편집 숍의 오픈 시간이나, 교회 근처 맛집을 가면 만두전골과 육전 중 무엇을 먹어야 하는지에 대한 정보들이 정작 알짜 콘텐츠인 것이다. 이것이 생활 포털로 진화 중인 인스타그램의 미래이기에 '서칭searching스타그램'이란 이름이 어색하지 않다. 이를테면 '중고차 매매'를 네이버와 유튜브에서 검색한 뒤, 최상단에 노출되는 곳을 클릭하던 방식이 아닌, 나와 취향 카테고리가 유사한 인스타그래머들의 추천을 받고 길 안내는 각종 내비게이션 맵을 사용한다. '동영상 검색 포털'이라는 닉네임으로 포털 사업자들을 위협하던 유튜브 검색 시대가 오는 것 같더니 어느새 인스타그램마저 막대한 사용량을 등에 업고 '서칭스타그램'을 준비 중이다.

애초 해시태그의 기원이 인스타그램은 아니었다. 2007년 오픈소스 소프트웨어 운동가인 크리스 메시나^{Chris Messina}는 당시 트위터에서 어마어마하게 쏟아지는 정보가 흩뿌려지는 점을 아쉬워하며 기호를 사용해 특정 주제끼리 묶을 방법을 찾았고 이를 트위터에 제안했다. 이후 그는 트위터에 "#를 써서 정보를 묶는 걸 어떻게 생각해?"라는 짧은 메시지를 남겼고 이것이 바로 오늘날 해시태그의 시작이 된 것이다.

해시태그는 게시물과 관련된 특정 단어나 문구 앞에 해시^{Hash (#)}라는 꼬리표를 붙이는 것을 말한다. 해시라는 기호를 써서 게시물을 묶는다^{Tag}고 해서 '해시태그'라는 이름이 붙었다. 물론 이를 처음 사용했던 크리스 메시나의 의도는 관련 정보를 묶는 것이었기에, 동일한 해시태그를 단 게시물끼리 간편하게 모아서 보여주는 기능에서 출발했다. 하지만 인스타그램을 통해 해시태그가 보편화되고 텍스트를 최소화하는 트랜드가 더해지면서 하고 싶은 말을 문장으로 완성하는 것보다 해시태그를 붙인 단어들로 분절하거나, 모든 글자를 해시태그로 올리는 것이 하나의 사회적 현상이 되기 시작했다.

예를 들어, 친구들끼리 우도로 여행을 간 대학생이 갑자기 폭우를 만난 피드를 올린다면, "#제주도에서 #우도한바퀴 #비와도 #우리는 #우비입고돈다 #태풍이오든말든"이라고 쓰는 것이다. 이러한 분절된 소통은 소셜 미디어의 새로운 커뮤니케이션 방식이 되었다. 심지어 Z세대를 중심으로, 강조하고 싶은 단어를 언급하거나 '말을 좀 줄여'라는 핀잔을 줄 때 양손으로 해시태그를 만들어 얘기하는 모습까지 등장했다. 마치 영미권에서 '행운을 빈다'는 뜻의 손가락 교차하기 Crossing your fingers가 보편화된 것처럼 말이다. 지금 해시태그는 인스타그래머들이 만들어가는 열린 검색 서비스이자, 문화 현상으로 진화 중인 검색용 메타데이터이다. 콘텐츠를 분절하고 해체시켰으나, 결과적으로 더 많은 콘텐츠를 쌓게 한 해시태그, 인스타그램의 해시태그는 지금 이 순간도 생성되고 있다.

광고 플랫폼으로 진화 중인
인스타 라이브

이 책의 전작이라 할 수 있는《유튜브 온리》에서는 중국, 미국, 한국 시장을 중심으로 라이브 스트리밍이 폭발적으로 성장하고 있으며 이러한 라이브 스트리밍의 사용량이 유튜브와 아프리카TV 같은 전통적인 동영상 플랫폼을 넘어 인스타그램, 페이스북 같은 소셜 미디어 플랫폼으로 확장되고 있음을 강조했다. 이 같은 소셜 미디어 라이브의 최전선에 있는 인스타그램은 앞서 언급했듯이 직관적인 콘텐츠 공유와 이미지와 영상 콘텐츠에 집중된 소통 그리고 시시콜콜함을 잃어가는 페이스북의 하향세에 기대어 매년 2배씩 성장 중이다. 현재 월간 순 사용자 수는 전세계 10억 명을 넘어섰으며 심지어 인스타그램의 동영상 전용 서비스인 '스토리Stories'는 하루 사용자 5억 명을 돌파했다. 지난 수년간 전 세계에 실시간으로 전송되던 라이브 스트리밍 콘텐츠는 편집이나 연출이 불가능한 생생함으로 기업들의 상품 홍보나 언론보다 더 빠른 보도의 역할로 사회에 새로운 메시지를 던져왔다. 그런데 최근의 인스타 라이브는 제품 광고나 팔로우 수를 늘리기 위한 각양각색의 자질구레한 찌라시들로 기하급수적인 사용량을 보이고 있다. 예를 들어 인스타그램에서 핸드메이드 가구공방소를 홍보하며 판매하는 목수 사장님은 매주 월, 수 밤 10시에 인스타 라이브를 시작한다. 그런데 목공 얘기가 아니다. 반려견 푸들의 신상 사료를 소개하는가 하면, 면에 따라 라면 브랜드를 알아채는 힌트를 주기도 하고, 고향인 포항에서만 먹을 수 있는 독특한 과메기 구이법을 소개하는 등, 목공 가구와는 상관없는 생활 찌라시들을 무작위로 던지며 팔로워 규모를 늘려간다. 이렇듯 지금 인스타그램 라이브는 실시간 광고 플랫폼과 '찌라시그램' 사이의 중간 어디쯤에 있다.

셀스타그램의 6:4 법칙을 다시 돌이켜보자. 제품의 구매 동기에 인스타그래머의 이야기가 투영된다면 이들은 콘텐츠의 성격에 따라 뉴스 피드와 라이브 스트리밍을 적절히 배분하게 된다. 팔로워 규모가 여전히 필요한 이들은 라이브 스트리밍을 통해 잡다한 찌라시들을 전달하며 그 기반을 더 늘릴 것이나, 팔로워들에게 본인만의 서사가 충분히 전달된 이들은 직접적으로 제품의 광고를 한다. 다시 말해, 인스타그램 라이브는 '찌라시그램'으로 출발하여 '광고 플랫폼'으로 완성되어간다.

이렇듯 인스타 라이브가 1인 커머스 플랫폼 역할의 가능성을 보이면서 시장에서도 라이브 커머스 플랫폼들이 꿈틀거리고 있다. 판매자와 소비자가 손쉽게 모바일 스트리밍 방송을 통해 실시간으로 대화하며 뷰티, 의류, 식품 등을 사고파는 1인 커머스가 이제는 낯설지 않아졌기 때문이다. 2019년 7월, 한국투자파트너스의 투자를 받은 그립Grip이라는 플랫폼이 대표적이다. 그립 같은 신생 스타트업의 가치는 인스타 라이브에서 가능성을 보여준 1인 비디오 커머스 시장이 성숙하면서, 편집되지 않은 라이브 스트리밍에 커머스의 핵심인 신뢰성이 더해진 결과다. 향후 이렇게 독립화된 1인 라이브 커머스 플랫폼들의 성장에 따라 커머스 인플루언서들이 인스타 밖으로 탈

'프린츠커피컴퍼니'의 인스타그램 검색 결과. 거의 10만 개에 달하는 게시물의 상당수는 방문자들이 올린 것이다.

출할 것인지, 인스타 커머스와의 상생을 지속할 것인지 그립의 앞날은 흥미로워 보인다.

적어도 지금 인스타그램은 소셜 미디어 본연의 신분을 넘어 셀스타그램, 서칭스타그램, 찌라시그램으로 사용량을 늘려가는 것에 거리낌이 없어 보인다. 얼마 전 한국을 방문했던 짐 스콰이어스 부사장은 노골적으로 인스타그램의 미래는 판매자와 소비자를 직접 연결하

는 '쇼핑 플랫폼'이라는 능청스러운 화두를 던지기도 했다. 이를 위해 2018년 5월, 상품 태그를 터치하면 외부 구매 페이지로 연동되는 '쇼핑 태그' 기능을 도입한 인스타그램은 연이어 2019년 3월에는 베타서비스 형태로 인스타그램 앱에서 쇼핑과 결제까지 모두 처리할 수 있는 '체크아웃' 기능을 도입했다. 체크아웃 서비스는 나이키, 유니클로, H&M 브랜드 등을 우선하여 미국 시장부터 테스트에 들어갔다.

최근 한옥 베이커리, 뉴트로 감성으로 시장의 반향을 일으키며 매장을 확장 중인 프릳츠커피컴퍼니Fritz Coffee Company는 "인스타그램이 없었더라면 적어도 TV방송은 출연했어야 이 정도로 알려졌을 거예요"라며 광고 플랫폼으로의 인스타그램 효과를 극찬하기도 했다. 현재 팔로워는 6만 5천 명 수준이며, 이들 가운데 상당수가 팬덤으로 활동하고 있다. 10만 개에 육박하는 인스타 게시물이 바로 이들 팬덤이 만들어낸 놀라운 결과물이다.

지난 5월, 인스타그램 핵심 간부들이 대거 한국을 방문한 배경 역시, 한국 시장에서의 인스타그램의 급격한 성장세와 이의 기반은 구매와 직결되는 광고 시장이라는 것에 대한 확신 때문이다. 이들은 방문 기간 동안 공식 기자 간담회를 통해 기업의 니즈를 효율적으로 수렴하면서 스타트업, 중소기업, 대기업 산하의 브랜드 성공 사례들을 상호 공유하며 활력을 더했다.

그렇다면, 소셜 미디어 플랫폼과 비즈니스 플랫폼의 관계는 경계선으로 양분된 것인가 아니면 아래층이 없으면 쌓을 수 없는 피라미드인가? 방문 빈도에 따른 사용량이 중요한 소셜 미디어는 넷플릭스나 유튜브와는 성공의 척도가 다르다. 현재 한국을 비롯하여 전 세계의 10~30대 소셜 미디어 사용자들은 전성기 때의 페이스북보다도 인스타그램을 더 자주 방문한다. 어린 사용자들의 군집화와 IT 디바이스 및 통신 네트워크 성장의 수혜를 받고 있는 라이브 스트리밍 소통이 크게 작용한 것으로 생각된다. 더 정확하게 좁혀보면, 짐 스콰이어스 부사장의 말대로, 멀티 소통에 집중하는 페이스북과 달리 자신의 관심사에 집중된 인스타그램 안에서의 소통이 YT세대와 이들을 겨냥한 사업자들에게 적중하고 있다는 것이다. 이것이 바로 인스타그램이 셀스타그램과 서칭스타그램을 거쳐 쇼핑 플랫폼이 되고 더 나아가 커머스, 광고, 기업 브랜딩까지 소화하는 완전한 비즈니스 플랫폼으로 완성되더라도, 소셜 미디어 본연의 시시콜콜함을 놓아서는 안 되는 이유다. 소셜 미디어에서의 콘텐츠는 바로 당신의 일상을 담은 스토리이기 때문이다.

넥스트 소셜 미디어,
인스타그램의 진화인가
또 다른 플레이어의 등장인가

이제까지 우리는 반복하여 인스타그램의 가치와 성장성을 이야기했다. 여기서 넥스트 소셜 미디어로의 주제 전개를 위한 마지막 용비어천가를 더하자면 2018년 6월, 인스타그램은 월 사용자 10억 명을 이미 돌파했고(향후 2년 안에 5억 명을 신규 유치하고, 2024년에는 20억 명에 돌파할 것으로 예측됨), 해시태그는 사용 편의성을 넘어 검색 포털을 바짝 뒤쫓고 있으며, 인스타 라이브는 개인과 기업을 막론하고 본연의 역할을 넘치게 수행하며 새로운 비즈니스를 창출하고 있다. 인스타그램이 전 세계 13개국을 대상으로 실시한 소비자 조사에 따르면 한국 인스타그램 이용자의 92% 이상이 인스타그램에서 상품을 알게된 후 구매 행동을 취했다고 하니, 지금 인스타그램은 소셜 미디어의 영역 확장과 진화의 가능성을 보여주며 미디어와 광고판을 흔들고 있다. 한국 시장이 특히 그러한데, 전직 페이스북 출신이자 현직 인스타그램 임원 역시 20년 동안 소셜 미디어 산업에 종사해오며 지난 몇 년 간 한국에서 인스타그램 같은 성장 속도를 본 적이 없다고 한다.

그렇다면 인스타그램의 다음은 무엇일까? 다시 말해, 넥스트 소셜 미디어란 인스타그램이 진화하는 모습일까 아니면 또 다른 새로운 사업자의 등장일까? 이를 위해 우선, 동영상 미디어와 소셜 미디어의 변천사를 비교해보자. 지난 10여 년간, 동영상 미디어판은 유튜브와 넷플릭스의 양강 구도로 굳혀졌다. 유튜브는 업로드 기술이 고도화될 뿐 '오직 사용자가 동영상을 생산하고 동영상을 소비한다'라는 일관된 철학으로, 넷플릭스 역시 천문학적인 재원의 투자로 생산된 프리미엄 콘텐츠와 추천 로직으로 전성기를 유지 중이다. 게임 방송 영역에서는 트위치Twitch가 오랜 기간 홀로 독주 중이다.

그런데 이에 반해, 소셜 미디어 판의 복잡하고 지난한 역사는 어떠한가. 1999년 한국의 싸이월드를 시작으로 지금의 페이스북과 인스타그램 그리고 링크드인LinkedIn과 핀터레스트Pinterest에 이르기까지 1인 독주자 없이 매번 새로운 태양이 뜨고 지고, 다시 뜨고 사라지는 수순을 밟아왔다.

통상 소셜 네트워크 서비스SNS라고 불리는 소셜 미디어는 말 그대로 "유사한 관심이나 활동을 공유하는 사람들 간의 교호적인 관계를 구축하고 보여주는 온라인 서비스 또는 플랫폼"으로 정의된다. 즉, 개인 간의 관계가 핵심인 소셜 미디어는 나의 의지와 무관하게 내 관계망에 포함된 제2, 제3의 개인들의 취향과, 늘상 바뀌는 사회적 트렌드

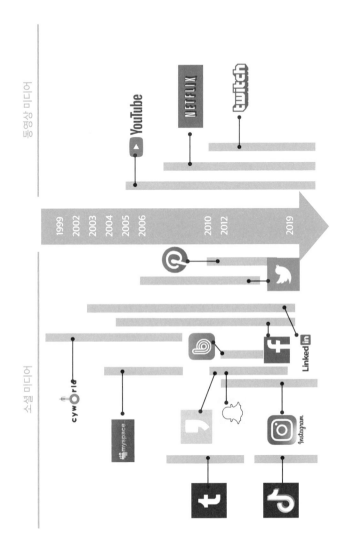

〈동영상 미디어와 소셜 미디어의 변천사〉

동영상 미디어

1999
2002
2003
2004
2005
2006
2010
2012
2019

소셜 미디어

※ 광의적 개념의 소셜 미디어에는 특정 주제나 집단으로 연결되는 과거의 '아이러브스쿨'이나 포털 사업자들이 운영하는 카페·블로그도 포함될 수 있으나, 이는 단순한 커뮤니티로 간주하고 제외

※ 막대 그래프의 시작점은 론칭 기준이 아니라 시장에서 의미 있는 영향력을 유지한 기간을 의미함.

에 적절히 반응하며 늘 새로운 서비스를 갈구해야만 하는 것이다. 이는 인맥이 이사 가면 서비스를 갈아타야 하는 "친구 따라 강남간다"는 식의 숙명이자, 콘텐츠의 포맷과 성질이 변함에 따라 관계 형성의 방식이나 콘텐츠를 퍼 나르는 구조도 함께 달라져야 하기 때문이기도 하다. 한국시장에서는 별 볼 일 없는 서비스라 하더라도, 꿋꿋하게 스포티파이나 훌루를 사용하는 소수의 팬덤이 있을 수 있지만, 소셜 미디어 영역에서는 나만 홀로 스냅챗이나 마이 스페이스를 쓰기 어려운 것과도 유사한 맥락이다. 이것이 곧, 10년 이상 견고한 자리를 지키고 있는 유튜브나 넷플릭스처럼 콘텐츠를 시의적절하게 잘 담아내기만 하면 되는 동영상 미디어와는 다른 소셜 미디어의 변덕스러운 생태계이다. 이 같은 논리와 이들의 숙명에 따르면, 우리는 머지않아 새로운 소셜 미디어의 또 다른 판을 기다려도 되지 않을까?

스트리머가 곧 콘텐츠, 영토 확장을 시작한 게임!

리그오브레전드
LoL, League of Legends

라이엇게임즈에서 개발하는 게임이며, 월 플레이어 수만 1억 명 이상으로 전 세계에서 가장 많이 플레이되는 게임. 2009년 북미에서 처음 서비스를 시작했고, 2011년 국내에 도입된 이후 PC방 사용 시간 점유율 25% 이상을 차지하고 있다.

오버워치Overwatch

블리자드가 개발 및 서비스하는 1인칭 슈팅게임. 2016년에 PC, 플레이스테이션, 엑스박스로 전 세계 동시 발매됨. 블리자드의 이전 대표 게임인 워크래프트, 디아블로, 스타크래프트가 무거운 분위기였다면 오버워치는 전반적으로 가볍고 밝은 분위기가 특징이다.

게이미피케이션Gamification

'게임화'라고도 표현되며 고객을 유입시키기 위해 게임을 하는 방식의 시나리오를 적용해 마케팅 효과를 올리는 기법을 의미한다. 비슷한 용어로 '인터랙티브 마케팅'이 있으며 이 책에서는 인터랙티브 영화를 콘텐츠의 게이미피케이션으로 비유한다.

콘솔Console

엑스박스, 플레이스테이션과 같은 게임기를 의미한다.

게임 스트리밍 방송 플랫폼

게임 전용 인터넷 방송 서비스이며 대표적으로 트위치, 유튜브 게이밍(현재는 유튜브 앱으로 통합), 믹서 등이 있다.

HDR High Dynamic Range

디지털 영상에서 밝은 곳은 더 밝게, 어두운 곳은 더 어둡게 만들어 사람이 실제 눈으로 보는 것에 가깝게 밝기의 범위Dynamic Range를 확장시키는 기술을 의미한다.

AWS Amazon Web Service

2006년 설립된 아마존의 자회사로, 기업의 온라인 서비스나 애플리케이션 운영을 위해 고객사에게 클라우드 인프라를 제공하는 서비스. 일반 개별 소비자를 대상으로 하는 네이버 클라우드나 구글 드라이브와는 다른 개념이며 주요 고객은 개발자, 엔지니어 등의 IT 사업자다.

게임 콘텐츠의
현 위치는 어디인가

현재 게임 콘텐츠 산업은 정확히 어느 정도 수준일까? "게임 산업 매출이 ○○조를 돌파했다", "모바일 게임 시장이 성장 중이다", "e스포츠 시장이 뜨겁다" 누구나 한 번씩 이런 뉴스를 접해 보았을 것이다. 이 장에서는 게임 콘텐츠가 대단한 것은 알겠는데, 그 대단함이 과연 어느 정도인지를 구체적으로 짚고 넘어가고자 한다. 한국콘텐츠진흥원(이하 KOCCA)이 2019년 1월에 발표한 자료에 따르면, 2018년 국내 게임 콘텐츠 매출은 13조 원으로 전체 콘텐츠 산업 매출(116.3조 원)의 11% 이상을 차지한다. KOCCA의 콘텐츠 산업 분류가 11개 군으로 나눠지는 것을 감안하면 적어도 자기 몫 이상은 더 해주는 것 같기는 하다.

이번에는 수출액 규모를 보자. 2018년 전체 콘텐츠 산업의 수출액 규모는 75억 달러다. 그런데 이 중 게임 콘텐츠 수출액이 42.3억 달

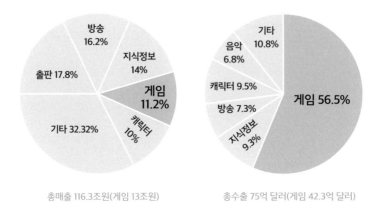

〈콘텐츠 산업 장르별 매출 비중〉

방송 16.2%
지식정보 14%
게임 11.2%
캐릭터 10%
기타 32.32%
출판 17.8%

총매출 116.3조원(게임 13조원)

〈콘텐츠 산업 장르별 수출액 비중〉

기타 10.8%
음악 6.8%
캐릭터 9.5%
방송 7.3%
지식정보 9.3%
게임 56.5%

총수출 75억 달러(게임 42.3억 달러)

출처 : KOCCA, 콘텐츠 산업 2018년 결산 및 2019년 전망 보고서

러로 전체 수출액 비중의 무려 56.5%를 차지하니, 이만한 효자가 없어 보인다. 전 세계적으로 뜨거운 K팝 열풍보다도 더욱 은밀하고 위대하게 K게임 열풍이 불고 있는 것이다. 그래서일까? 2019년 8월 기준, 국내 빅 3 음악 엔터테인먼트 회사인 SM·JYP·YG의 시가총액(순서대로 6,796억 원, 6,513억 원, 3,885억 원)을 모두 합친 1조 7천억 원보다 게임 회사 엔씨소프트의 시가총액11조 8천억 원이 무려 7배가 많다.

이러한 게임 콘텐츠와 바늘과 실처럼 붙어서 언급되는 것이 e스포츠인데, 이는 게임이 매개체가 되어 사람과 사람 간에 승부를 겨루는 것을 뜻한다. 게임 콘텐츠가 성장하면서 자연스럽게 e스포츠 시장이 함께 성장하고, e스포츠 성장이 게임 산업을 받쳐주면서 시장에 선순환 고리가 형성되고 있다. 2019년 e스포츠 매출은 글로벌 기준으로 약

출처 : Newzoo, Global eSports Market Trend 2019

11억 달러^{약 1조 2천억 원}에 다다를 것으로 전망되며 2022년까지 연 평균 성장률은 22.3%로, 약 18억 달러에 이를 것으로 예상된다.

매출의 외형 성장 자체도 무섭지만, 사실 더 중요한 것은 매출의 구조다. 앞의 그래프에서 보듯이 e스포츠 매출의 상당 부분을 '광고 및 스폰서십'이 차지하고 있다. 2017년 총 매출의 71%였던 것이 2022년에는 무려 87%에 달할 것으로 예상되니 사실상 e스포츠 시장을 견인하는 것은 광고 및 스폰서십인 셈이다. 예나 지금이나 광고는 동시대의 가장 핫한 콘텐츠를 따라가기 마련이다. 이러한 광고의 숙명을 고려한다면, 광고 및 스폰서십이 향후 e스포츠 시장 매출 성장을 더욱 가속화할 거라는 전망은 게임 콘텐츠의 잠재적인 경쟁력을 반증하는 것이다.

이제 당당하게 "엄마, 나 게임 좀 하고(보고) 올게!"라고 말할 수 있는 시대가 왔다. (혹시 아직 게임이라는 말만 꺼내도 엄마가 날카로운 눈초리를 보낸다면 이 책을 쓱 건네시길 바란다.) 2018년에 리그오브레전드* 프로게이머, 페이커의 소속 구단인 T1 단장의 인터뷰가 화제가 되었다. "현재 페이커는 우리나라 전체 프로 스포츠 선수 중에서 최고의 대우를 받는다." 연봉의 정확한 액수는 밝혀지지 않았지만, 이는 국내 프로 스포츠 선수 중 가장 고액 연봉을 받는 야구 선수 이대호의 연봉 25억 원보다도 높다는 뜻이다. 전통적인 스포츠 선수보다도 e스포츠 선수가 높은 대우를 받는 시대가 온 것이다.

2018년 4월, 미국 프로 농구 리그인 NBA는 e스포츠 선수들과도 계약을 맺었는데 연봉, 주택, 이사 비용, 의료보험, 퇴직연금 등의 계약 조건에서 기존의 NBA선수들과 동등한 수준의 보장을 제공했다. NBA의 이러한 행보는 e스포츠를 NBA의 공식적인 종목으로 인정하는 것으로 풀이된다. 2018년 자카르타-팔렘방 아시안게임에서는 e스포츠가 시범 종목 경기로 채택되기도 했는데 이쯤 되면 게임 콘텐츠의 지위가 상당히 '레벨 업!'되었다는 주장에 독자들도 큰 이견이 없을 것이다.

게임은 원래 직접 '하는' 행위가 가장 중요한 콘텐츠였다. 하지만 e스포츠의 성장으로 알 수 있듯이 이제 전통적인 스포츠를 시청하는 것처럼 게임도 눈으로 '보는' 시대가 된 것이다. 사실 축구나 바둑도 방송 중계가 일반화되면서 성장해온 것을 보면 이제 디지털 게임도 '하는' 콘텐츠에서 '보는' 콘텐츠로 확장되는 것이 어찌 보면 당연해 보인다.

　e스포츠 시장이 형성된 지는 2000년대 초반에 온게임넷에서 스타크래프트를 보던 시절부터 어느새 20여 년이 되어가지만, 최근 들어서야 급격히 시청자들이 유입되고 있는 것으로 보인다. 닐슨Nilsen이 발표한 '게임 360 리포트 2019Game 360 Reports 2019'에 따르면, 미국의 e스포츠 팬들 중에 최근 3년 이내에 처음 시청을 시작한 사람의 비중이 전체 e스포츠 팬의 72%에 달한다. 리그오브레전드, 오버워치˚, 포트나이트 등 전 세계적으로 인기를 끈 게임들과 함께 트위치나 유튜브 같은 기존의 방송 채널과는 차별화된 다양한 게임 스트리밍 방송 플랫폼이 생겨났기 때문이다. 이제 막 양지로 올라온 게임 콘텐츠의 지위가 어디까지 올라갈지 앞으로가 더 기대되는 이유다.

'롤드컵'에 이어,
'포나 월드컵'까지 열린다고?

앞서 대단한 연봉을 받는다고 언급한 프로게이머 페이커의 주 종목은 바로 '리그오브레전드(이하 롤)'다. 롤의 월드컵 격인 롤 챔피언십(이하 롤드컵)은 2011년부터 진행되어왔으며 전 세계적으로 가장 규모가 큰 e스포츠 경기다. 골드만삭스가 2018년 10월에 발표한 'e스포츠 산업 보고서 eSports from Wild West to Mainstream'에 따르면, 2017년 롤드컵 결승전의 순 시청자 수는 5,800만 명으로 같은 해 MLB(야구) 결승전과 NBA(농구) 결승전의 누적 시청자 수(각각 3,800만 명, 3,200만 명)를 훨씬 웃돌았다. 물론 롤드컵의 경우 유튜브 등 온라인 플랫폼의 글로벌 시청자 수를 합산한 수치지만, 이 정도면 전통적인 스포츠와 대적할 만한 입지에 올랐다고 보기에 충분하다.

그리고 2019년 7월에는 뉴욕에서 총 4,000만 달러의 상금이 걸린

<2017년 롤드컵, MLB, NBA 각 결승전 시청자 수 비교>

구분	롤드컵	MLB	NBA
결승전 시청자 수	5,800만 명	3,800만 명	3,200만 명
집계 시청자 기준	순 시청자	누적 시청자	누적 시청자
기준 지역	글로벌	미국	미국
기준 플랫폼	온라인 플랫폼(트위치, 유튜브)	전통 TV채널	전통 TV채널

출처 : Goldman Sachs, eSports from Wild West to Mainstream, 2018

제1회 포트나이트 월드컵(줄여서 포나 월드컵)이 열렸다. 포트나이트는 2017년에 출시된 3인칭 슈팅게임으로 출시 후 현재까지 북미 및 유럽 지역에서 가장 인기 있는 게임으로 글로벌 열풍을 일으키고 있다. 아시아 국가 중에서는 가장 많은 다섯 명의 한국 선수가 포트나이트 월드컵 결승에 진출하여 국내에서도 큰 화제가 되었으나 결국 300만 달러의 우승 상금은 16세의 미국 소년인 카일 기어스도프Kyle Giersdorf가 차지했다. 2019년, 미국 골프협회 USGA에서 주관한 US오픈의 우승 상금이 225만 달러, 테니스 그랜드 슬램 대회 중 하나인 윔블던 선수권의 우승 상금이 288만 달러였으니, '월드컵'이라는 표현을 써도 무방하다.

포트나이트 월드컵 결승전을 보기 위해 트위치나 유튜브 등 온라인 플랫폼에 실시간 동시 접속으로 233만 명에 달하는 시청자가 몰렸다. 이는 기존 e스포츠 리그인 배틀그라운드의 PGIPUBG Global Invitational 2018(82만 명)이나 도타 2의 더 인터내셔널 2018(120만 명), 리그오브레전드의 롤드컵 2018(205만 명)의 동시 접속자 수보다 높은 수치(동일 플

◗ 2019 포트나이트 월드컵의 우승 상금은 최대 골프 대회인 US
오픈보다 높은 300만 달러. 미국의 16세의 소년, 카일 기어스
도프가 최종 우승하며 300만 달러의 주인공이 됐다.

랫폼 간 비교)다. 이쯤 되면 2020년 제2회 포트나이트 월드컵은 두말할
것 없이 진행될 것으로 보인다. 이처럼 전 세계적으로 e스포츠 대회가
개최되고 지속적인 성과를 보인다면, 몇 년 안에 '세계 4대 e스포츠 대
회' 혹은 'e스포츠 그랜드 슬램'이 생기지 말란 법도 없다. 골프에 4대
메이저 대회(마스터즈대회, US오픈, PGA챔피언십, 브리티시오픈)가 있고 테
니스에 그랜드 슬램(호주오픈, 프랑스오픈, 윔블던, US오픈)이 있는 것처럼
말이다.

넷플릭스도 떨고 있는
게임 콘텐츠의 영토 확장

2019년 9월 종영한 웹드라마 〈일진에게 찍혔을때〉가 누적 5천만 뷰를 돌파하며 화제 몰이를 했다. 첫 화부터 500만 뷰를 기록하며 돌풍을 예고한 이 드라마는 다름아닌 컴투스의 자회사 '데이세븐'이 개발한 동명의 스토리게임을 원작으로 한 콘텐츠다. 국내 게임회사 매출 Top5에 항상 이름을 올리며 모바일게임인 〈컴투스프로야구2019〉로 독자들에게도 익숙한 컴투스는 이처럼 게임 IP확장을 위한 움직임이 활발하다.

대표적인 IP는 2014년 출시된 모바일 롤플레잉 게임 〈서머너즈워: 천공의 아레나〉이다. 국내 보다는 해외에서 매출의 90%가 발생하는 게임으로 2017년 3월, 국내 모바일게임 최초로 글로벌 매출 1조 원을 달성했으며 2019년 11월, 글로벌 누적매출 2조 원을 돌파했다. 컴투스

🔵 넷플릭스의 게이미피케이션 콘텐츠, 〈블랙 미러: 밴더스내치〉. 드라마 전개 과정에서 시청자가 30개의 옵션을 선택할 수 있으며 각각의 옵션에 따라 결말과 시청 시간까지 달라진다.

는 〈서머너즈워〉의 IP강화를 위해 미드 〈워킹데드〉의 제작사와 협업하며, 원작자 로버트 커크먼Robert Kirkman과 함께 서머너즈워의 150년간의 세계관이 담긴 '유니버스 바이블'을 완성했다. '유니버스 바이블' 그 자체는 별도의 문서로 공개될지 아직 밝혀진 바는 없지만, 컴투스는 이를 〈서머너즈워〉의 IP확장을 위한 초석으로 활용하여 향후 소설, 만화, 애니메이션 등의 다양한 콘텐츠를 선보일 예정이라고 발표했다.

그 시작으로 지난 2월, 유튜브를 통해 단편 애니메이션 〈프렌즈 앤 라이벌〉을 전세계에 동시 공개 했다. 워킹데드 제작사인 스카이바운드와 함께 제작한 이 애니메이션은 '유니버스 바이블'을 통해 완성된 〈서머너즈워〉의 세계관이 담겨 3D로 제작된 6분짜리 단편작으로, 공개 보름만에 100만 뷰를 돌파하며 주목받았다. 또한, 미국에서 개최되는 '필름퀘스트 어워드 2019' 최고 단편 애니메이션 부문에 노미네이트 되기도 했다.

컴투스는 작년부터 '글로벌 게임문학상' 공모전을 진행하며 애니메이션, 드라마 등으로 확장 가능한 스토리를 발굴 중이기도 한데, 최근에는 자회사 데이세븐과 SBS간 게임 및 드라마 IP 크로스오버 제작 양해각서까지 체결하며, 게임 IP를 활용한 콘텐츠 영토 확장에 대한 야망을 여과 없이 드러내고 있다.

이처럼 게임 회사가 영상 콘텐츠 영역까지 넘보는 상황에서, 영상 스트리밍의 대명사 넷플릭스는 역으로 오리지널 콘텐츠의 게이미피케이션˙과 동시에 게임 콘텐츠 제작에도 직접 뛰어들며 맞불 작전을 펼치고 있다. 2018년 12월, 넷플릭스는 오리지널 시리즈 〈블랙 미러〉의 특별판 〈블랙 미러: 밴더스내치〉를 공개했다. 〈밴더스내치〉는 드라마가 전개되는 중간중간마다 시청자가 직접 개입하는데, 시청자의 선택에 따라 전개와 결말이 달라지는 게이미피케이션이 적용된 인터랙티브 영화다. 극이 전개되어 가면서 주인공이 어떤 시리얼을 먹을지, 어떤 노래를 들을지, 고층 건물에서 뛰어내릴지 말지 등 시청자가 직접 고르는 옵션은 30개 이상이다. 어떻게 플레이하느냐에 따라 다양한 결말을 맞게 되는 시뮬레이션 게임과 흡사하다. 드라마의 러닝 타임은 약 1시간 30분이지만 시청자가 어떤 옵션을 선택하나에 따라 시청 시간은 달라질 수 있으며, 심지어 옵션마다 달라지는 결말을 모두 보기 위해 5시간이나 시청했다는 사람들도 수두룩하다.

넷플릭스는 2019년 6월 개최된 세계 최대의 게임 쇼, 'E3 2019'에 처음 참가하여 '넷플릭스 오리지널을 비디오 게임으로 개발하기'라는 주제로 키노트를 할 정도로 게임에 대한 열의가 높다. 이를 통해 넷플릭스는 보유하고 있는 콘텐츠 IP를 활용해 게임 제작사와 협업할 것을

●넷플릭스의 인기 오리지널 시리즈 <기묘한 이야기>를 바탕으로 개발
된 <기묘한 이야기 : 더 게임>.

공식화했다. 넷플릭스 대표 흥행작인 〈기묘한 이야기〉를 기반으로 한
〈기묘한 이야기: 더 게임〉은 PC와 콘솔° 게임으로 출시되었다. 넷플릭
스는 2020년에 〈기묘한 이야기〉 IP를 활용한 모바일 RPG게임과 〈다크
크리스탈: 저항의 시대〉를 기반으로 한 전략 RPG게임의 출시를 예고
하기도 했다.

"디즈니, 아마존, HBO보다 더 큰 경쟁자는 포트나이트다"

2019년 초, 넷플릭스 실적 발표회에서 CEO 리드 헤이스팅스가 한
말이다. 경쟁 OTT 서비스가 아닌 게임 콘텐츠인 포트나이트를 라이
벌로 생각하고 있다는 점은 매우 흥미롭다. 고객 시간을 경쟁 OTT 업
체가 아닌 게임 회사에 뺏길 것을 우려한 것이다. 이미 2018년 기준 전
세계 포트나이트 이용자 수는 2억 명 이상으로, 2018년 기준 1억 4천
만 명인 넷플릭스 유료 가입자 수를 훨씬 웃도는 수치다. 또한, 포트나
이트 게임은 PC, 모바일, 콘솔에서 모두 플레이되기 때문에 넷플릭스

〈국내 넷플릭스와 트위치의 월별 평균 이용 시간〉

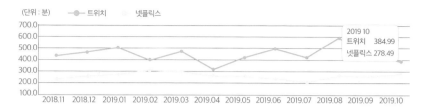

(단위 : 분) ━●━ 트위치　　넷플릭스

2019 10
트위치　384.99
넷플릭스　278.49

〈국내 넷플릭스와 트위치의 성별 및 연령대별 순 방문자 수〉

순 이용자수 비중(%)

남자
여자

'19년 10월 넷플릭스 앱 MAU : 3,423,499

13~29 남자
17.5%(599,000명)

'19년 10월 트위치 앱 MAU : 1,635,239

13~29 남자
69.9%(1,143,000명)

출처 : 2019년 10월, Korean click

● 넷플릭스의 아성을 위협하는 게임 스트리밍 방송 플랫폼, 트위치. 젊은 남성들의 게임 시청 시간은
영화에 비해 2배 더 긴 것으로 나타났다.

시청이 가능한 모든 디바이스와 정확히 겹치기도 한다. 이제 이종 콘텐츠 산업 간에도 시청 시간 점유율을 뺏고 뺏기는 전쟁이 본격화된 것이다.

포트나이트라는 게임 콘텐츠의 영향력을 간과할 수 없는 또 다른 이유는, 세계에서 가장 많은 수익을 올린 것으로 알려진 게임 스트리머 '닌자'(본명: Tyler Blevins)를 배출하는 등 게임 방송 스트리밍 영역에서도 엄청난 파급력을 가지고 있기 때문이다. 트위치에서 닌자의 방송 콘텐츠는 누적 조회 수 4억 5,000만을 넘는다. 닌자뿐 아니라 다른 스트리머들의 인기도 그에 못지않다. 그래서 포트나이트의 스트리밍 방송이 동영상 콘텐츠를 제공하는 넷플릭스에게 직접적인 위협으로 작용할 수도 있다는 얘기는 전혀 과장이 아닌 듯하다.

사실 국내에서 트위치라는 게임 스트리밍 방송 플랫폼®은 생소할 수도 있지만, 2019년 10월 집계된 코리안클릭 데이터에 따르면 국내 사용자들의 트위치 월평균 이용 시간은 385분으로 넷플릭스 평균 이용 시간인 278분보다도 긴 것으로 나타났다. 10월뿐 아니라 최근 1년 간 수치를 봐도 트위치의 월 평균 이용 시간이 넷플릭스보다 적게 집계되었던 적은 단 한 번도 없다.

특히 게임 방송을 선호하는 남성 YT세대에게 트위치의 영향력은 어마어마하다. 국내 시장에서 월 순 방문자 수Monthly Active User는 넷플릭스가 340만 명으로 160만 명의 트위치보다 우세하지만, 트위치 전체 이용 고객 가운데 13~29세 남성이 차지하는 비중은 69.9%, 약 114만 명으로 넷플릭스보다 압도적으로 많다.

'닌자' 빼먹기 배틀,
스트리머가 곧 콘텐츠!

앞서 언급했던 '닌자'가 도대체 얼마나 대단한 사람인지 한번 알아보자. 닌자는 2019년 〈타임〉이 선정한 '세계에서 가장 영향력 있는 100인'에 이름을 올린, 포트나이트를 주 종목으로 하는 게임 스트리머이며, 트위치에서는 1,500만 명, 유튜브에서는 2,200만 명이 그를 팔로우한다. 2018년 4월 스포츠 선수 부문의 '소셜 미디어 인터랙션 랭킹'에서는 세계적인 축구 선수 호날두를 제치고 1위를 차지했으며, 2019년 'ESPN 월드 페임 100^{WORLD FAME 100}'에서도 e스포츠 인물로는 유일하게 선정되어 41위를 기록했다.

그런데 2019년 8월, 닌자는 이름마저 생소한 게임 스트리밍 플랫폼 믹서^{Mixer}와 독점 계약을 체결했다. 이때 계약금만 600만 달러^{약 72억 원} 이상으로 추정된다. 이는 앞으로 트위치와 유튜브에서는 더 이상 닌자

의 실시간 방송을 볼 수 없게 됨을 의미하며, 트위치와 유튜브 양강 체제로 구축되어 온 게임 콘텐츠 스트리밍 시장의 지각변동을 예고하는 것이다.

트위치는 2011년 6월 서비스를 시작한 온라인 방송 플랫폼이다. 게임 콘텐츠 스트리밍에 있어서는 명실공히 1위 플랫폼의 자리를 지키고 있는데, 어떤 게임이 얼마나 인기 있는지를 파악하려면 트위치에서 해당 게임 방송의 시청자 수를 보라는 말이 있을 정도다. 2014년에 아마존은 9억 7천만 달러1조 원를 투입하여 트위치 인수에 성공했다. 구글과 마이크로소프트와의 인수 경쟁에서 아마존이 승리를 거둔 것이다. 이후에는 아마존 프라임 회원이라면 광고 없이 트위치 콘텐츠를 시청할 수 있도록 하거나 유료 게임을 무료로 플레이할 수 있게 하는 등 다양한 혜택을 주며 시너지를 내고 있다. 그리고 이때도 트위치에서 가장 독보적인 스트리머는 단연 포트나이트 스트리머 닌자였다.

〈2019년 1분기, 게임 스트리밍 방송 플랫폼 간 비교〉

구분	트위치	유튜브 게이밍	믹서
스트리밍 조회 수	269억 건	6억 5천 건	9천 건
총 스트리밍 시간	1억 3,300만 시간	1,250만 시간	820만 시간
스트림당 평균 시청자 수	26.1 명	52.5 명	10.9 명
채널 수	581만 개	123만 개	미공개

출처 : 2019년, Streamlabs

한편, 트위치 인수에 실패한 구글(이미 유튜브라는 초대형 플랫폼을 가지고 있는 구글이기에, 미국 반독점법 위반 소지가 있어 사실상 자체적으로 포기한 것에 가까움)은 얼마 지나지 않아 트위치를 견제하기 위해 유튜브 게이밍(2019년 5월, 별도로 운영하던 앱은 종료하고 유튜브 앱으로 통합함)이라는 게임 스트리밍 방송 서비스를 선보였지만 아직까지 트위치의 아성을 꺾지는 못하는 실정이다.

마이크로소프트 역시 빔Beam이라는 스트리밍 플랫폼을 인수하여 2017년에 '믹서'로 이름을 바꾸고 본격적으로 게임 스트리밍 방송 서비스를 시작했다. 배틀그라운드, 포트나이트 같은 배틀로얄게임 스트리밍 중에 곧 승리를 앞둔 방송이 있다면 자동으로 메인 화면에 노출해주는 '하이퍼 존HypeZone' 기능이나 방송을 오래 시청하면 시청자 경험치와 레벨이 오르는 등 유튜브와는 차별화된 요소도 갖추고 있다. 하지만 서비스 출시 2년 차밖에 되지 않은 막내 플랫폼으로, 계정 연동이 불편하다는 것 등 아직 미흡한 부분이 곳곳에 존재한다. 그래서인

● 마이크로소프트의 게임 플랫폼, 믹서에 새로 둥지를 튼 닌자

지 스트리밍 시청자 수나 조회 수 모두에서 아직은 경쟁 서비스에 비해 미미한 성과를 내고 있다.

이런 믹서가 그렇게 대단한 닌자를 영입한 것이다. 트위치와 유튜브, 양강 체제로 구축되어 있는 게임 스트리밍 방송 시장에서 닌자라는 톱 스트리머를 활용하여 경쟁 판도를 바꾸려는 마이크로소프트의 야심인 셈이다. 닌자의 영향력이 얼마나 대단한지, 실제로 닌자는 첫 스트리밍 방송을 시작하기도 전에 믹서에서 약 30만 명의 팔로워를 만들었다. 이 여세를 몰아 믹서는 2019년 8월 1주차에 앱 스토어의 무료 앱 부문 다운로드 순위에서 1위를 기록하는 기염을 토했다. 믹서가 시장의 경쟁 판도를 바꿀 수도 있는 가능성이 조금씩 열리고 있는 것이다. 이제 게임 스트리밍 방송 시장의 가장 막강한 콘텐츠는 '게임보다 스트리머'다.

클라우드 게임 시대,
보는 게임에서 참여형 게임으로

그렇다면 대체 마이크로소프트는 왜 믹서를 키우려는 것일까? 2019년 게임 시장의 최대 화두는 누가 뭐래도 클라우드 게임이다. 그래서인지 클라우드 서비스 강자인 구글과 아마존이 기존의 게임 회사들을 제치고 클라우드 게임 시장에 진출을 예고했다. 게임 시장에서 엑스박스로 나름 입지가 탄탄한 마이크로소프트이지만, 이제는 클라우드 게임 시장에서도 IT 공룡들과 경쟁이 불가피해진 것이다.

클라우드 게임은 게임을 위한 고사양 PC가 필요없다. 기존의 게임은 우선 타이틀을 구매해야 했고, 구매한 게임의 고화질 그래픽을 끊김 없이 플레이하기 위해서는 게이밍 PC가 필수품이었다. 하지만 클라우드 게이밍의 시대가 오면, 더 이상 이러한 고사양의 PC가 없어도 된다. 게임은 데이터 센터에 직접 설치되기 때문에, 디바이스의 사양에

〈기존 게임과 클라우드 게임의 차이〉

기존 방식에선 컴퓨터가 많은 일을 한다

① 누렀다

② 서버

③ 공격하라

④ 컴퓨터

알겠다

① 내가 컴퓨터에서 공격 버튼을 누른다.
② 컴퓨터는 서버로 '공격 버튼을 눌렀다'는 정보를 보낸다.
③ 서버는 '공격하라'는 정보를 컴퓨터에 보낸다.
④ 컴퓨터는 공격하는 이미지, 효과음 등 파일을 실행한다.

반면, 게임 스트리밍 서비스에서
컴퓨터는 딱 한 가지만 한다.
서버가 전송한 화면을 보여주는 것

출처 : thewebdaily 블로그

상관없이 스트리밍되는 것이다.

10여 년 전부터 클라우드 게임을 구현하기 위한 시도들이 있어왔다. 소니는 2014년에 플레이스테이션 나우PlayStation Now라는 클라우드 게임 서비스를 런칭하기도 했다. 그러나 기술적인 제약으로 끊김 현상이 발생하자(게임은 승패의 결정이 중요하므로 영상 콘텐츠와 달리 끊김 같은 오류는 아주 중요한 이슈임) 곧바로 시장에서 외면받았다. 이러한 클라우드 게임이 최근 다시 주목받기 시작한 것은 클라우드 및 통신 기술의 발전으로 플레이할 때 끊김이 없는 '초저지연' 게임이 현실적으로 가능해졌기 때문이다.

2019년 3월 구글은 '게임 개발자 컨퍼런스'에서 클라우드 게임 플랫폼 스태디아 ^{Stadia}의 출시 계획을 발표했다. 스태디아는 크롬이 탑재된 모든 단말을 지원하고, 구글의 데이터 센터와 직접 통신하며 데이터 지연을 줄여준다. 스태디아 전용의 게임 컨트롤러도 함께 출시되어 사용자의 단말 사양과 무관하게 4K와 HDR°로 플레이할 수 있다. 또한 플레이어가 어떤 디바이스를 사용하든지 게임 화면을 유튜브에 실시간으로 송출할 수 있기 때문에 누구라도 스태디아를 통해 스트리머가 될 수 있다. 특히, 스트리머가 플레이하고 있는 게임에 시청자가 실시간으로 참여하여 스트리머와 시청자가 게임을 함께 즐길 수 있는 '크라우드 플레이 ^{Crowd Play}' 기능이 눈에 띈다.

구글에 비해 상대적으로 조용한 행보를 보이지만, 클라우드 업계 부동의 1위 아마존 역시 클라우드 게임 서비스를 준비 중이다. 2017년에는 클라우드 게이밍 플랫폼 업체인 게임스파크를 인수했고, 2019년 상반기에는 클라우드 게임 관련 인력 채용도 진행했다. 게다가 아마존은 세계 최대의 게임 스트리밍 방송 플랫폼인 트위치도 소유하고 있기 때문에, 아마존 클라우드 서비스인 AWS°와 트위치를 기반으로 2020년에 대대적으로 클라우드 게임을 출시할 것이라는 전망 역시 속속들이 나오는 중이다.

이러한 상황에서 클라우드 서비스와 게임 시장에서 모두 탄탄한 입지를 다진 마이크로소프트 역시 '엑스박스 E3 2019 미디어 브리핑'에서 2019년 10월부터 엑스클라우드 ^{xCloud}의 시범 서비스를 시작한다고 밝혔다. 마이크로소프트의 엑스박스 총괄을 맡고 있는 필 스펜서 ^{Phil Spencer}는 "당신이 어디에 있든지와 상관없이 두 가지 방식으로 게임을

구분	프로젝트 엑스클라우드 (마이크로소프트)	스태디아 (구글)	미정 (아마존)
출시일	2019년 10월 시범 서비스	2019년 11월	2020년 예정
가격	미정	스태디아 프로 월 9.99달러 (스태디아 베이직 무료)	미정
특징	• 자사 클라우드 플랫폼 애저를 통해 PC, 엑스박스, 모바일에서 제공 • 소니 플레이스테이션과 제휴	• 크롬만 있으면 게임 가능 • 게임별 구매 필요 • 별도 게임 컨트롤러 및 유튜브 연동 기능 공개	• 2017년 게임스파크 인수 및 클라우드 게임 인력 강화로 시장 진출 가시화 • 상세 내용은 미공개
클라우드 보유 여부	○ (애저)	○ (구글 클라우드 플랫폼)	○ (AWS)
게임 디바이스 보유 여부	○ (엑스박스)	×	×
게임 스트리밍 방송 플랫폼	믹서	유튜브	트위치

즐길 수 있다"고 말했는데, 이는 클라우드 스트리밍 게임을 마이크로 소프트 서버 자체에서 구동하고 화면과 소리만 전달하는 '엑스클라우드'와 엑스박스 디바이스에서 구동하고 모바일로 전송하는 '콘솔 스트리밍' 방식으로 제공하겠다는 의미다. 행사 당시, 클라우드 서버로부터 640킬로미터 떨어진 전시회에서 와이파이로 게임을 시연하여 네트워

● 마이크로소프트의 게임 서비스, 엑스클라우드에서 <검은사막>을
플레이하는 모습. 한국이 전세계 최초로 서비스를 선보였다.

크 지연 우려를 단숨에 불식시키기도 했다.

　놀랍게도 마이크로소프트가 엑스클라우드 시범 서비스 국가로 선
정한 곳이 한국이다. 어느 나라보다 스마트폰 보급률이 높고 통신 인
프라가 훌륭해, 클라우드 게임을 서비스하기에 최적의 조건을 갖추었
기 때문이다. 세계 최초 5G 상용화를 성공시킨 SK텔레콤과 독점 파트
너십을 체결하고, 2019년 9월부터 고객 체험단을 모집해 테스트를 진
행했다. 고객들은 별도의 게임을 다운받을 필요가 없고, 엑스클라우드
앱만 실행한 후 원하는 게임을 선택해 바로 즐길 수 있다. <검은사막>,
<슈퍼 럭키스 테일> 등 엑스박스 게임 중에서도 모바일에 적합한 게임
들이 먼저 오픈되었으며, 엑스박스용 무선 컨트롤러에 스마트폰을 거
치해서 플레이할 수 있다. 컨트롤러에서 내리는 명령 값에 대한 연산

은 마이크로소프트의 클라우드 플랫폼 애저Azure의 한국 서버에서 이뤄지고, 최종 결과 값만 SK텔레콤의 통신망을 통해 스마트폰으로 전송되는 형태다.

마이크로소프트의 엑스클라우드 시범 서비스를 시작으로 경쟁자인 구글, 아마존의 움직임에도 속도가 붙을 것으로 예상된다. 이처럼 글로벌 IT 공룡인 구글, 아마존, 마이크로소프트는 현재 클라우드 게임 시장에서도 대격돌을 앞두고 있다. 어찌 보면 엑스박스라는 콘솔 디바이스와 게임 제작사들과의 강한 네트워크를 보유한 마이크로소프트가 유리한 고지를 점하고 있는 것 같지만, 앞서 설명했듯이 게이밍 PC가 없어도 되는 클라우드 게임 시장산업의 특성상 디바이스 의존도는 점차 낮아질 것이다.

또한, 클라우드는 기본적으로 가볍고 유연하다는 장점을 가지고 있기 때문에 클라우드 게임과 게임 스트리밍 방송은 얼마든지 밀접하게 결합될 수 있다. 마이크로소프트가 만약 유튜브나 트위치를 가졌더라면 "클라우드 게임 시장에서 승자는 무조건 마이크로소프트다"라고 확신했겠지만, 마이크로소프트는 믹서의 주인일 뿐이다.

게임 방송을 보기 위해 트위치와 유튜브에 접속했던 시청자가 방송을 보다가도 스트리머가 하는 게임에 직접 참여하는 시대가 코앞에 다가왔다. 향후 클라우드 게임이 대중화되면 단순히 게임 콘텐츠를 시청하는 것을 넘어서 콘텐츠로 들어가 플레이를 공유하는 일이 당연해질 것이다. 그렇게 된다면, 얼마나 오랫동안 그 플랫폼에 머물 것인지 가늠하기 힘들다. 내가 단순히 '하던' 게임 영역은 e스포츠와 게임 스트리밍 시장의 성장과 함께 '보는' 것으로 바뀌면서 본격적으로 동영상 서비스 시장으로 확장되었다. 이제는 클라우드 게임 시대다. 보고 있는 게임 속으로 내가 직접 '참여'까지 가능해진다면, 게임 서비스의 영역 확장은 아직 시작도 안 한 것이 아닐까?

스티브 잡스도
예측하지 못한,
콘텐츠 '소유'의 종말

- 음악과 데이터의 흐름을 다루는 종합 예술, 음원 스트리밍
- 취향 저격, 21세기 주크박스의 탄생
- 넷플릭스 따라하기, 애플뮤직의 오리지널 전략
- 유튜브 왕, 음악은 '보는 거야'
- '싸움꾼' 테일러 스위프트가 유독 유튜브에 관대한 이유

롱테일Long-tail	사람들이 1년에 몇 번밖에 듣지 않는 대중성 없는 음원들의 재생 횟수를 모두 합하면, 상위권 음원의 재생 횟수를 추월하는 디지털 판매의 특성을 이르는 개념. 20%의 핵심 고객으로부터 80%의 매출이 나온다는 유명한 파레토 법칙과 반대되는 개념으로 '역파레토 법칙'이라고도 한다.
커버Cover**곡**	'Cover'와 '곡'의 합성어로, 다른 사람의 노래에 자신의 목소리를 씌운다는 의미다. 즉 자신이 다른 사람의 노래를 자신만의 음색으로 편곡해서 부른 노래를 말한다. 유튜브에 올라오는 커버곡의 저작권은 원곡 제작자에 있기 때문에, 원곡 제작자는 유튜브에서 제공하는 콘텐츠 ID 시스템을 통해 본인의 저작물이 사용된 커버곡 영상을 재생 불가능하도록 차단하거나, 영상으로부터 나온 광고 수익을 영상 게시자와 공유할 수 있도록 선택할 수 있다.
뉴트로New-tro	새롭다는 뜻의 'New'와 회상이라는 뜻의 'Retrospect'의 줄임말 'Retro'가 합쳐진 말. 단순히 복고적인 것을 말하는 것이 아니라, 겪어보지 못한 과거를 새롭고 신선하게 받아들이는 것을 의미한다.
CPMCost Per Mille	노출 단가형 광고 형태에서 광고 노출 1,000회당 광고주가 지불하는 비용

음악과 데이터의 흐름을 다루는
종합 예술, 음원 스트리밍

"사람들은 자신이 좋아하는 음악을 직접 소유하고 싶어하기 때문에 음원 스트리밍 플랫폼은 실패할 것이다."

아이팟과 아이튠즈로 세상을 들썩이게 한 스티브 잡스가 생전에 음원 스트리밍 서비스에 대해 했던 말이다. 스티브 잡스만 그렇게 생각한 건 아니다. 최근까지만 해도 대부분의 사람들은 소유욕이 음원 구매를 결정하는 데 가장 큰 영향을 미치는 핵심 요소로 보았다. 하지만 현재 음악 산업과 소비 방식은 스트리밍 플랫폼을 중심으로 '소유'에서 '접근'으로 거의 넘어왔고, 따라서 스티브 잡스의 예측은 틀린 것으로 보인다.

스티브 잡스의 예측이 언제나 맞지는 않았더라도 평소 그의 날카로운 통찰력을 떠올려 본다면, 스트리밍 플랫폼을 그가 저평가했다는

사실은 고개를 갸우뚱하게 만든다. 이미 그의 생전에 애플은 '탈®소유' 서비스의 대표 격인 클라우드의 중요성을 간파하고 모든 역량을 집중했기 때문이다. 그렇다면 그가 그렇게 생각하던 때와 지금 사이에 무언가 변했고 당시에는 예상하지 못한 요소가 있었다고 추론해 볼 수 있다. 변화의 중대한 요인은 바로 예측 불가능할 정도로 빠른 디지털 기술의 진화와 통신 속도의 향상일 것이다. 실제로 2018년 국제음반산업협회|IFPI|의 조사 결과를 보면 글로벌 음악 서비스 사용자들의 75%가 현재 스마트폰을 통해 음원을 소비하고 있으며, 그들 중 대부분(86%)이 음원 스트리밍 플랫폼을 사용하고 있다.

음악 산업의 중심지라고 할 수 있는 미국의 음반 시장은 20세기 말까지 눈부신 성장을 이루다가 2000년대에 들어서며 내리막길을 걷기 시작했다. 특히 MP3 다운로드를 비롯한 디지털 방식의 음원 소비 구조 변화는 전통적인 수입원이던 실물 음반(CD 등) 판매의 감소와 함께 불법 복제 등의 문제로 많은 창작자와 음반 관계자를 괴롭혔다. 다행스럽게도 음원 스트리밍 플랫폼이 안착하면서 디지털 음원 소비구조가 다시 한번 변했고, 음악 산업은 이를 기반으로 지난 3년 연속 성장하는 쾌거를 이룰 수 있었다.

음원 스트리밍이 처음부터 각광을 받았던 것은 아니었다. 2005년 판도라|Pandora|가 처음으로 음원 스트리밍 플랫폼을 출시했을 때만 해도 MP3를 중심으로 한 음원 생태계는 불법 복제가 휩쓸고 있었으며, 인터넷(특히 무선 인터넷)은 가격이 비싸서 새로운 플랫폼이 활성화되기에는 역부족이었다. 그러나 시간이 흘러 통신 속도가 향상되고 스마트

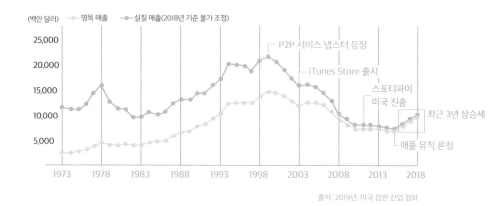

(백만 달러) ○ 명목 매출 ● 실질 매출(2018년 기준 물가 조정)

25,000

20,000

15,000

10,000

5,000

1973 1978 1983 1988 1993 1998 2003 2008 2013 2018

P2P 서비스 냅스터 등장

iTunes Store 출시

스포티파이
미국 진출

최근 3년 상승세

애플 뮤직 론칭

출처: 2019년, 미국 음반 산업 협회

폰이 확산되면서 이를 중심으로 음악 소비 행태도 점차 변화했다. 이러한 변화의 중심에 스포티파이가 있다. 2006년 스웨덴에서 시작되어 2011년 미국에 진출한 스포티파이는 이제 음악 산업을 이끄는 독보적인 존재로 올라섰다. 스포티파이의 스트리밍 서비스를 통해 사람들은 이전보다도 더 저렴한 가격으로 음원을 무제한에 가깝게 향유할 수 있게 되었다.

대부분의 산업군에 포진한 다른 기민하고 똑똑한 의사 결정권자들이 그러하듯, 음원 스트리밍 사업자들 역시 데이터를 숭배하고 있다. 순간순간마다 확장을 거듭해가는 거대한 데이터를 통해 각기 다른 음원들과 사람들의 취향을 조합하는 것은, 기존에 CD나 MP3 다운로드로 음악을 제공하는 것과 완전히 다른 차원의 작업일 뿐만 아니라 음원을 소비하는 이들에게도 차원이 다른 경험을 제공하는 강력한 도구

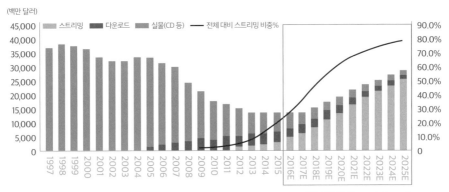

〈글로벌 음악 시장 구조의 매출 규모와 전망〉

출처: 2016년, Macquarie Research

가 된다. 음원 스트리밍 플랫폼은 통계학적 정교함에 기반하여 사람들
이 어떤 곡을 듣고 싶다고 인지하기도 전에 한발 앞서 그들이 듣고 싶
어 할 만한 곡들을 물 흐르듯 제공한다. 이전 세대에서는 사람들의 주
목을 끄는 마케팅이 관건이었다면, 이제는 사람들의 마음을 읽는 예측
력이 관건인 것이다. 이는 지난 몇 십 년을 지속해왔던 음원 유통 생태
계를 완전히 끝장내는 설계다.

　애플, 아마존 등 거대 IT 기업들, 그리고 스포티파이로 대표되는
음원 스트리밍 주자들은 음악 산업을 지배하고자 보이지 않는 전쟁을
치르고 있다. 가장 앞서 있는 스포티파이의 경우, 유료 가입자 수 성장
세가 가히 폭발적이라 할 수 있는데, 2010년 50만 명에서 2014년 1천
만 명으로, 2019년 4월에는 1억 명으로 매번 새로운 기록을 세우고 있
다. 또한 아이튠즈를 통해 2000년대 음악 감상 경험을 혁신했던 애플
은 2015년 애플뮤직을 출시하면서 음원 스트리밍 시장의 새로운 강자

<주요 글로벌 음원 스트리밍 플랫폼 비교>

구분	스포티파이 Spotify	애플뮤직 music	아마존 뮤직 언리미티드 music
출시 년도	2008년(2011년 미국 진출)	2015년	2016년
가격	개인 $ 9.9/월 (1년 $ 99) 가족 $14.99/월 학생 $4.99/월	개인 $ 9.99/월 (1년 $ 99) 가족 $14.99/월 학생 $4.99/월	**프라임 회원** 개인 $ 7.99/월 (1년 $ 79) 가족 $14.99/월 (1년 $149) 학생 $ 4.99/월 단일기기 $3.99/월 **일반 회원** 개인 $9.99/월 가족 $14.99/월 학생 $4.99/월 단일기기 $3.99/월
보유 곡 수	4,000만 곡 이상	5,000만 곡 이상	5,000만 곡 이상
무료 이용 가능 여부	무료 이용이 가능하나, 무료 이용자들에게는 광고가 제공됨 (광고 기반 스트리밍)	최초 3개월	최초 1개월

로 급부상했다. 2019년 6월 기준 6천만 명이 넘는 가입자를 보유하고 있는 애플뮤직은 후발 주자임에도 불구하고, 머니 파워를 통해 스포티파이보다 200만 명 더 많은 미국 내 유료 가입자 수를 보유했다. 그 뒤를 잇고 있는 아마존 뮤직은 2016년 음원 스트리밍 전용 서비스인 아마존 뮤직 언리미티드Amazon Music Unlimited를 출시했고, 미국 시장의 61% 점유율을 차지하고 있는 자사 AI 스피커 에코Echo와 연결하여 차별화된 요금제를 내놓기도 했다.

스포티파이, 한국 진출이 어려운 이유는?

2019년 상반기, 국내 음악 시장에서는 스포티파이 국내 진출설이 화두였지만 실제 진출 가능성은 높지 않을 것으로 보인다. 국내 음원 시장에서 입지를 다지기 위해서는 두 가지 조건이 필요한데, 글로벌 플랫폼은 이 두 가지 조건을 충족시키기가 쉽지 않기 때문이다.

일단 먼저 전제되어야 하는 조건은 유의미한 시장 점유율 확보를 위한 통신사와의 결합이다. 대부분의 국내 음원 스트리밍 플랫폼은 통신사 요금제와 결합, 끈끈한 제휴를 통해 할인 등의 혜택을 제공하며 비약적인 성장을 이뤄왔다. 이렇듯 이미 국내 음원 스트리밍 플랫폼들과 결합하고 있는 통신 3사 입장에서는 글로벌 음원 스트리밍 플랫폼과의 제휴가 큰 의미로 다가오지 않는다.

다음으로 필요한 조건은 국내 음원 확보다. 국내 최신, 인기 차트 중심으로 음원을 소비하는 국내 사용자들을 공략하기 위해서는 국내 음원 확보가 필수다. 이를 위해서는 국내 음원 저작권 신탁기관인 한국음악저작권협회나 한국음반산업협회는 물론 국내 음원의 유통 시장을 쥐고 있는 카카오 M, 지니뮤직 등과도 저작권 계약을 맺어야 한다. 그러나 이들은 음원 서비스 시장에서 경쟁 상대이므로 계약에 난항을 겪을 가능성이 높다. 이미 글로벌 시장에서 검증을 받았던 애플뮤직도 2016년 8월 국내 시장에 정식으로 출시되었지만 국내 음원은 일부만 확보할 수 있었고, 현재는 한국 시장에서 점유율 1% 수준을 간신히 유지하고 있는 실정이다. 아마존 역시 이러한 이유로 아직 국내 시장 진입을 검토하지 않고 있다.

<국내 주요 음원 스트리밍 플랫폼 비교>

구분	멜론	지니뮤직	플로
업체	카카오	KT	SKT
가격 (모바일 스트리밍 기준)	6,900원	7,400원	6,900원
월간 순 사용자 수 (코리안클릭, 2019년 6월 기준)	398만 명	228만 명	177만 명
특징	세계 최초 음악 스트리밍 플랫폼	CD음질을 뛰어넘는 고음질 (24bit/48KHz) 스트리밍 서비스 제공 (무손실 원음 스트리밍)	2018년 12월 출시, 큐레이션 중심

국내 플랫폼들의 상황은 어떨까? 2000년대 초 한국에서 인터넷 붐이 일던 시기, 디지털로 편하게 음악을 듣고 싶어하는 소비자들의 니즈를 가장 빨리 파악한 멜론은 2004년 11월 세계 최초로 음원 스트리밍 서비스를 시작했다. 멜론은 '소유'하는 것이 아닌 '접근'하는 음악이라는 당시로써는 획기적인 비즈니스 모델을 통해 성공적으로 국내 음악 시장을 점령했고, 국내뿐만 아니라 해외 음악 사업자의 가장 중요한 벤치마킹 대상으로 떠올랐다. 멜론은 현재까지도 국내에서 시장 점유율 43%(코리안클릭, 2019년 6월 기준)로 굳건한 선두를 지키고 있으며, 이 같은 시장 지배력을 지렛대 삼아 국내 대중음악계에 강력한 영향력을 행사하고 있다. 특히 미국의 빌보드 차트나 영국의 UK 싱글 차트, 일본의 오리콘 차트와 같이 오랜 역사를 갖춘 공신력 있는 차트가 존재하지 않는 국내에서 멜론 'Top 100'의 영향력은 독보적일 수밖에

없다.

　부흥기를 맞이한, 진화하고 있는 디지털 음악 산업에서 음원 스트리밍 플랫폼은 기존의 그 어떤 플랫폼보다 뛰어난 접근성과 편의성을 무기로 지난 세기의 낡은 체계를 무너뜨렸다. 시장의 게임 체인저가 된 음원 스트리밍 플랫폼으로 인해 사람들은 이전보다도 편리하게 음악을 향유할 수 있게 되었으며, 아티스트들 또한 음원 스트리밍 플랫폼의 안착을 통해 불법 복제라는 굴레에서도 벗어날 수 있게 되었다. 음악을 소비하는 방식이 스트리밍으로 바뀐 것은 우리에게 어떤 의미일까? 인터넷의 발전은 음악의 소비를 CD와 같은 실물 음반에서 디지털 방식인 MP3 형태로 변화시켰고 덕분에 사람들은 음원의 홍수 속에서 원하는 것들을 취사 선택하고 다운로드 받아 들을 수 있게 되었다. 그러다가 음원 스트리밍 플랫폼이 등장하면서부터는 MP3 방식으로 음원을 듣기 위해 거쳐야 하는 검색, 다운로드와 같은 '귀찮은' 과정마저도 건너뛸 수 있게 되어, 이전과는 비교도 안될 정도로 음악에 대한 접근성과 편의성이 향상되었다.

　이렇게 음원 스트리밍 플랫폼이 대세로 자리 잡고, 음원 소비 패턴의 혁신을 이룩할 수 있었던 데는 '추천' 기능의 역할이 크다. 이 추천 기능이 음원 스트리밍 플랫폼 안에서 어떤 역할을 했고, 어떠한 점들이 사용자들을 매료시켰는지 자세히 알아보도록 하자.

취향 저격,
21세기 주크박스의 탄생

음원 스트리밍 플랫폼은 디지털 시대의 산물이지만, 음악을 재생하고 분류하는 시스템은 이미 오래전부터 복잡하고 다양한 알고리즘에 의해서 활용되었다. 지금은 그 흔적을 찾아보기도 힘들지만, 1890년 루이스 글래스 Louis Glass가 최초로 발명하여 1950년대까지 전성기를 이뤘던 주크박스는 음원 스트리밍 플랫폼의 조상이라고도 할 수 있다. 동전을 넣어 음악을 재생하는 이른바 '음악 자판기'인 주크박스의 재생 기록 데이터는 다음 곡 재생을 위한 계산에 사용되었다. 빌보드 차트, MP3 플레이어의 셔플 기능이 만들어낸 무작위 플레이리스트 또한 엔지니어들이 각각의 방식으로 데이터를 활용해 계산해낸 결과물이다. 하지만 다양한 사용자로부터 끊임없이 발생하는 정보를 기반으로 한 현재의 복잡한 스트리밍 알고리즘과 비교하자면 그것들은 너무나 원

시적이었다.

스포티파이는 아직 국내에서 서비스를 제공하지 않아 다소 생소하게 느껴질 수도 있지만, 그럼에도 어느 정도 음악에 관심을 갖고 있는 사람들이라면 플레이리스트 큐레이션 기능이 탁월하다는 얘기를 자주 들어보았을 것이다. 스포티파이는 2014년 머신러닝을 이용해 음악 콘텐츠를 분석하는 기술 기업인 에코네스트Echo Nest를 인수했는데, 이 에코네스트가 바로 스포티파이 추천 기능의 중추인 뮤직 인텔리전스Music Intelligence 부문을 담당하고 있다.

그들의 추천 기술과 사람에 대한 독특한 철학은 스포티파이의 곳곳에 녹아들어 스포티파이를 가장 강력한 음원 추천 플랫폼으로 부상시켰다. 스포티파이는 음의 높이와 박자, 가사 등 노래 사이의 유사성을 분석할 뿐만 아니라, 음악과 가수에 대한 리뷰와 블로그 등 온라인에서 수집할 수 있는 평가 내용을 활용하여 서비스의 질을 점점 고도화한다. 추천의 기저에 깔린 사람에 대한 인사이트 또한 흥미로운 부분이다. 즉, 사용자가 어떤 음원을 재생했다고 해서 그것을 단순히 취향으로 해석하지 않는다. 실제로 듣는 것과 좋아하는 것에는 차이가 존재하며, 현재 처한 상황에 따라서 듣고 싶어 하는 음악이 다를 것이라는 독특한 가정을 하는 것이다. 이러한 기술과 철학을 바탕으로 사용자의 상황, 자주 듣는 음악 유형, 활동 내역, 얼마나 규칙적으로 듣는지 등을 고려하여 1억 명이 넘는 사용자의 취향 프로필이 만들어진다. 취향 프로필을 만들어내는 과정에는 알고리즘과 데이터가 중요한 역할을 하지만, 스포티파이는 여기에 사람의 손길을 추가한다. 다시 말해

◐ 운동할 때 듣기 좋은 곡들만 모아놓은 스포티파이 플레이리스트. 달리는 속도에 맞춰 음악의 템포까지 변한다.

사용자들이 플랫폼을 이리저리 헤매면서 남긴 기록들을 통해 추천 알고리즘이 1차로 선별하고, 그다음 현직 DJ나 음악 업계에서 오랜 경력을 쌓은 사람들로 이루어진 수백 명의 수준 높은 선곡 전문가들을 통해 2차적으로 걸러내는 방식으로 추천을 최적화하는 것이다.

소름 돋는 스포티파이의 플레이리스트

이렇게 탄생한 브라우즈Browse는 스포티파이의 모든 것이라고 할 수 있을 만한 기능으로, 인기 차트Chart, 최신 음악New Release 같은 기본적인 세션에서부터 다양한 TPOTime, Place, Occasion와 현재의 기분을 고려하여, 순간의 경험을 즐길 수 있는 '장르&무드Genres & Moods' 세션을 제공한다. 이 세션은 팝·힙합·댄스·일렉트로닉 등 15개의 기본적인 장르별 카테고리뿐만 아니라, 운동할 때, 저녁 식사 시간, 잠들기 전, 집중이 필요

K-Pop
Daebak

● 스포티파이의 'K팝 대박' 카테고리.
230만 명 이상이 팔로우하고 있다.

할 때처럼 일과 중 우리가 접하게 되는 다양한 상황들까지 포함해 총 44개의 카테고리로 구성되어 있다. 장르&무드 세션의 대표 카테고리 중 하나인 '운동 Workout'을 선택하여 죽 둘러보다 보면 '러닝 Running'과 관련된 플레이리스트들이 한데 모여 있다. 이 러닝 카테고리의 플레이리스트들에는 하나 같이 '150~180 BPM' 같은 이름이 붙어 있는데, 이는 음악의 템포를 의미한다. 실제로 달리면서 스포티파이로 음악을 들으면 스마트폰의 센서를 이용해 달리는 속도를 측정하고 거기에 맞는 템포의 음악을 추천해주기까지 한다. '사용자의 달리기 속도'라는 데이터를 통해 사용자가 처한 현재의 맥락을 완벽하게 읽어내는 이 기능을 직접 경험해보면, 마치 플랫폼이 나와 연결되어 있는 것만 같은 특이한 느낌에 매료될 수밖에 없다.

장르&무드 세션 카테고리에는 K팝도 있다. 현재 트와이스, ITZY, BTS 등 국내 다양한 유명 아이돌 그룹의 인기 곡이 담긴 'K팝 대박 K-Pop Daebak'이라는 재미있는 이름의 플레이리스트는 무려 230여만 명이 팔로우하고 있다. 팝 카테고리의 인기 플레이리스트인 '메가 히트 믹스'의 팔로워가 약 400만 명 정도임을 고려하면 K팝이 스포티파이에서 매우 높은 인기를 누리는 장르임을 실감할 수 있다. 또한 미국의 유명 TV쇼 〈엘런 디제너러스 쇼〉의 진행자 엘런 디제너러스 Ellen DeGeneres가 직접 만든 플레이리스트 모음인 '엘런Ellen'처럼 셀럽들의 추천 음악을 들을 수도 있다. 엘런이 평소 어떤 노래를 좋아하고, 운동할 때 듣는 음악은 뭔지 알 수 있어 팬들은 그녀와 음악 취향을 공유한다.

'잠들기 전Sleep' 카테고리도 빼놓을 수 없다. 이 카테고리에서는 오늘 하루의 마무리를 챙겨준다는 느낌이 들 정도로 포근함을 선사하는 플레이리스트를 제공하는데, 특히 '수면을 위한 재즈Jazz for sleep' 플레이리스트를 듣다 보면 감미로운 재즈 연주에 '꿀잠'에 빠지게 된다. 그 외에도 시대별로 음악을 들을 수 있는 '시대별Decades' 카테고리, 집중력을 높이는 음악 플레이리스트들로 구성된 '집중할 때Focus' 카테고리도 있다.

이것만으로도 이미 충분히 감탄을 자아낼 정도인데, 스포티파이는 여기에 더 놀라운 기능을 추가했다. 스포티파이의 신의 한 수라고 할 수 있는 '디스커버 위클리Discover Weekly'는 매주 월요일마다 스포티파이 사용자들에게 맞춤 플레이리스트를 추천하는 서비스다. 어렸을 적, 나를 위해 또는 누군가에게 선물하기 위해 좋아하는 음악을 선별하여 믹스 테이프를 만들어본 기억이 있다면 이 기능에 반할 수밖에 없을 것이다. 매주 월요일 아침, 사용자들은 스포티파이가 나를 위해 만들어준 믹스 테이프를 받는다. "너무 내 취향이다", "듣고 있으면 소름이 끼친다", "내 마음을 너무도 잘 안다" 등 감탄에 겨운 극찬이 쏟아질 정도로 많은 사람들이 디스커버리 위클리에 열광하고 있다. 이렇게 감각적인 플레이리스트, 작은 디테일에서 느껴지는 음악적 센스와 즐거움은 스포티파이가 글로벌 음원 스트리밍 서비스 시장에서 선두 자리를 굳건히 지킬 수 있는 원동력이 되고 있다.

이러한 플레이리스트들은 롱테일*에 위치한 인디 음악과 사용자를 연결하며 대중화의 기폭제가 되기도 한다. 미국 빌보드 싱글 차트 1위를 달성하고 미국 대중음악계의 최고 권위인 그래미 시상식에서 '올해의 노래The Song of the Year' 부문까지 수상한 뉴질랜드 출신 싱어송라이터 로드Lorde는 스포티파이 덕분에 가난한 무명 가수에서 세계적 스타로 새롭게 태어난 대표 사례다. 2013년, 로드의 노래는 스포티파이의 주주이자 이사회 멤버인 션 파커Sean Parker의 플레이리스트에 소개된 것을 계기로 소셜 미디어를 통해 여기저기 퍼져나갔다. 스포티파이를 통해 수많은 사람들이 그녀의 음악이 지닌 가치를 알게 되었고 결국 하나의 스타가 탄생했다. 이제는 스포티파이의 추천 알고리즘의 근간인 사용자 재생 데이터를 활용하여 음악 비즈니스를 하는 아티스트들도 생겨

나고 있다. 미국 인디 가수인 타이코Tycho는 2017년 유럽으로 공연 투어를 떠났는데 스포티파이에서 본인의 음원 재생 빈도가 높은 지역 위주로 장소를 선정한 결과, 데뷔 후 처음으로 전 공연 매진이라는 기록을 세웠다.

뉴질랜드의 무명 가수 로드는 그녀의 곡이 스포티파이에 소개되면서 일약 세계적인 스타가 되었다.

시선을 국내로 돌려보면 한국은 실시간 차트가 곧 사용자들의 취향이 자 바로미터다. 사람들이 어떤 국내 음원 서비스 사이트나 앱에 접속 해도 가장 먼저 접하는 메인 화면에는 마치 약속이라도 한 듯 실시간 차트가 배치되어 있다. 이는 한국 음원 소비가 트렌드와 인기 중심으 로 이루어지고 있다는 방증이다. 물론 이러한 국내 음원 스트리밍 플 랫폼들도 큐레이션을 통한 다양한 플레이리스트들을 제공하고는 있 다. 하지만 큐레이션 기능의 활성화를 위해서는 사용자의 다양한 음원 소비 패턴이 기록된 데이터를 읽고 취향을 파악하면서 지속적으로 정 확성을 고도화하는 것이 중요한데, 메인 화면에 배치된 실시간 최신, 인기 차트는 사용자의 접근성이 상대적으로 높을 수밖에 없기 때문에 결국 획일적인 음원 소비를 유도한다. 이렇게 굳어진 음원 소비 방식 은 매우 편향적인 데이터만 남기기 때문에 당연히 플레이리스트 큐레 이션의 정확성에는 한계가 존재할 수밖에 없다. 이러한 소비 경향 때 문에 국내 음원 스트리밍 플랫폼의 맏형인 멜론의 'Top100' 차트가 국 내 음악 산업에서 절대적인 존재로 군림하고 있는 것이다. 아티스트들 도 멜론 차트 순위로 성적을 평가받기 때문에 곡을 만들 때 다양성을 고려할 수 있는 여지가 별로 없는 것이 현실이다.

　하지만 이러한 실시간 차트 중심의 음원 소비 방식이 언제까지 지 속될지는 미지수다. 특히 2018년은 사용자의 취향에 중점을 둔 신규 음원 스트리밍 플랫폼들이 새롭게 등장했다는 점에서 기억될 만한 해 다. 네이버는 2018년 6월, 인공지능 추천 기반의 음원 스트리밍 플랫

●● 실시간 차트 중심의 국내 음원 스트리밍 앱 메인 화면(왼쪽부터 멜론, 지니뮤직, 엠넷, 벅스)

폼인 바이브VIBE를 출시했다. SK텔레콤 역시 2018년 12월에 '지금 당신의 음악'이라는 슬로건으로 큐레이션 기능을 내세운 플로FLO를 출시하면서, 국내 음원 스트리밍 시장에서도 개인 맞춤형 서비스 경쟁이 본격적으로 시작되었음을 알렸다. 특히 플로의 경우 알고리즘에 의한 추천 세션뿐만 아니라, 앱의 하단에 음악 전문가의 세련된 감성과 영감을 담은 '에디터픽Editor's Pick'세션을 추가로 구성하여, 플로만의 차별화 포인트로 십분 활용 중이다. 2019년 9월에는 이 에디터픽 세션에 그룹 어반 자카파의 권순일 등 감성 충만한 아티스트들이 직접 구성한 스페셜 플레이리스트인 '다이브 스튜디오 플레이리스트DIVE Studios Playlist'를 선보이며, 국내 사용자들의 감성에 한 발 더 다가갔다.

이는 국내 음악 산업에 있어서 매우 중대한 변화다. 획일적으로 인기 차트를 듣던 것에서 세분화·개인화된 취향으로 음원을 듣는 기준이 바뀌는 것을 보여주는 현상이며, 이로 인해 음원 홍보와 마케팅 방식도 대중을 공략하는 매스 마케팅에서 개인의 취향을 공략하는 개인화 마케팅으로 변화할 것으로 예측된다. 즉, 기존과 같이 차트에 진입하기 위한 매스 미디어 중심의 마케팅이 향후에는 큰 의미가 없어질 수도 있다는 얘기다. 결국 앞으로의 음원 스트리밍 플랫폼의 경쟁력은 기성복처럼 천편일률적인 서비스를 얼마나 많은 대중이 사용하게 하는지가 아니라, 맞춤복처럼 '개취(개인의 취향)'를 얼마나 잘 고려하는지에 달렸다. 이와 같은, 개개인의 취향과 음원 스트리밍 플랫폼 사이의 끊임없는 상호작용은 21세기의 주크박스를 지속적으로 발전시켜나갈 것이다.

넷플릭스 따라하기,
애플뮤직의 오리지널 전략

음악 산업은 그간 영상과는 달리 격변의 환경에서 약간 비켜나 있었다. 현재 영상 플랫폼들은 오리지널 콘텐츠라는 화두로 경쟁하고 있는 반면, 음악 콘텐츠는 대부분의 음원 스트리밍 플랫폼에 공급되고 있기에 결국 개성도 약하고 경쟁력도 어중간한 푸드 코트가 되었다. 물론 사람들은 편리하다는 이유만으로도 푸드 코트를 종종 찾는다. 푸드 코트는 뻔하지만, 그래도 나름대로는 검증된 서비스이기 때문이다.

대중에게는 아직 '오리지널 음악 콘텐츠'에 대한 거부감이 존재한다. 바로 음악 콘텐츠의 호환성 때문인데, 드라마 〈하우스 오브 카드〉를 넷플릭스에서만 볼 수 있다는 사실에는 그럴 수도 있다고 생각하는 사람들도 저스틴 비버의 노래를 오직 하나의 음원 스트리밍 플랫폼에서만 들을 수 있다고 한다면 그건 아니라고 말할 것이다. 하지만 최근 몇 년 동안 넷플릭스, 아마존 프라임 비디오 등 영상 스트리밍 플랫폼이 오리지널 콘텐츠를 중심으로 성공 가도를 달리자, 애플뮤직 역시 이들의 성공 방정식을 본 따 음악 시장을 장악하려는 시도를 하고 있다.

현재 미국의 동영상 OTT 시장은 플랫폼마다 제공하는 오리지널 콘텐츠가 다르기 때문에 세 개 이상의 OTT 서비스를 이용하는 사용자 비중이 24%(2017년 6월 기준) 정도 된다. 그러나 음원 스트리밍 플랫폼들은 오리지널 콘텐츠라는 자신들만의 차별화 요소가 없기 때문에 사용자 입장에서는 두 개 이상의 서비스를 동시에 가입해 사용할 이유가 없다. 이러한 상황에서 애플뮤직이 오리지널 콘텐츠를 제공한다는 건, 여러 개의 음원 스트리밍 플랫폼 이용을 유도해 결국 시장의 파이를 키우겠다는 소리다. 향후 음원 시장에도 오리지널 콘텐츠 제공이 본격화된다면 사람들은 음원 스트리밍 플랫폼들 간에 양다리를 걸치게 될지도 모르겠다.

2018년 〈포브스〉가 선정한 '가장 돈을 많이 번 래퍼' 4위로 올랐을 만큼 상업적으로 성공한 랩 스타 드레이크Drake는 2016년 4월 애플뮤직에서 〈뷰 프롬 더 식스Views from the 6〉 앨범을 독점으로 공개했고 발매된 지 일주일 만에 앨범에 수록된 20곡이 총 2.5억 회 스트리밍되며, 애플뮤직의 독점 전략 가능성을 보여주었다. 다만, 이것은 '독점 선先공개'의 개념이었고, 완전한 콘텐츠 독점은 아니었다.

애플뮤직은 완전한 독점 콘텐츠를 구축하기 위해, 음악 전문 저널리스트를 통해 가능성 있는 아티스트를 선정하고 창작 활동을 지원하는 등 제작 영역에도 손을 뻗고 있다. 가수 식스랙6LACK도 이러한 과정에서 발굴된 신예인데, 그의 음악을 처음 대중에 노출시킨 사람도 바로 애플뮤직 소속의 음악 저널리스트였다. 식스랙의 곡을 듣고 매료된 그는 이를 애플뮤직에 소개했고 단 며칠 만에 '가장 많이 듣는 상위 100개 곡' 순위에 올랐다. 이렇게 식스랙은 애플뮤직에서 아티스트들을 발굴하고 키우는 '업 넥스트 프로젝트Up Next Project'의 첫 번째 아티스트가 되었다. 애플뮤직은 2017년 4월에 식스랙을 위한 영상을 제작해 독점으로 공개하는 등 홍보까지 전담했다.

또한 2018년 12월에는 빌리 아일리시Billie Eilish, 조자 스미스Jorja Smith 등의 무명 가수들을 발굴해 성공적으로 데뷔시킨 창작물 유통 플랫폼 플래툰Platoon을 인수하는 등 지속적으로 오리지널 콘텐츠 제작 역량을 강화하고 있다. 아티스트를 발굴하고 마케팅을 위한 홍보까지 직접 담당하는 애플뮤직의 이러한 노력은 자체적으로 음악 콘텐츠에 대한 A부터 Z까지의 밸류 체인을 구축하겠다는 의도로 해석된다. 앞으로 선보일 신예 아티스트들의 데뷔도 성공적으로 해낸다면, 애플뮤직은 더 이상 스트리밍 서비스를 제공하는 유통의 역할에 머무르지 않고 콘텐츠 크리에이터의 자리까지 꿰찰 수 있을 것이다.

애플뮤직의 이러한 움직임으로 인해, 음악 산업의 경쟁 룰도 빠르게 변화할 것으로 보인다. 애플 음악 사업의 일등 공신인 아이튠즈를 뒷전으로 밀어놓고 뛰어든 음원 스트리밍 플랫폼 시장에서 애플뮤직은 격랑을 헤치고 게임 체인저가 될 수 있을까? 애플뮤직의 오리지널 음악 콘텐츠가 기존의 사용자들이 그냥 한 번 들어보는 것에 그칠

● 오직 애플뮤직에서만 들을 수 있는 노래들. 애플의 오리지널 전략은 성공할 수 있을까?

지 아니면 신규 사용자들을 끌어올 유혹적인 미끼가 될지는 아직 아무도 알 수 없는 일이다. 그러나 향후 애플뮤직에서도 넷플릭스의 〈하우스 오브 카드〉 정도의 초대박 음악 콘텐츠가 나와주기만 한다면, 애플뮤직을 사용하지 않던 사람들도 한 번쯤은 들러보게 되지 않을까? 지금 음악 산업에서도 오리지널 콘텐츠 혁명의 조짐이 꿈틀거리고 있다.

유튜브 왈, 음악은 '보는 거야'

직접 영상 콘텐츠를 만들고 공유하는 유튜브는 비공식 영상 콘텐츠가 주류다. 이런 방식으로 진화한 유튜브는 음악 장르에 있어서도 다른 음원 스트리밍 플랫폼과 조금 다른 콘텐츠를 선보인다. 영상과 음악이 공존하는 즉, '보는' 음악이 가능한 플랫폼이기 때문이다. 이러한 유튜브 덕분에 몇몇 분야가 새로 개척되거나 기존에 있던 분야의 재발견이 이루어지곤 했는데, 그중 하나가 다른 사람의 노래를 자신의 스타일로 재구성한 '커버곡°' 영상 콘텐츠다. 커버곡은 곡의 세션 구성이나 때로는 장르까지도 바꿔서 분위기를 완전히 다르게 만들기도 하는데, 이렇게 재해석된 커버곡은 원곡을 좋아하는 사람도 신선한 매력을 느낄 수 있게 해준다. 이제는 일반인이 부르는 버스킹 영상 모음만 따로 보고 듣기도 할 만큼 그 존재감이 커져 음악의 장르 중 하나라고 부를 만하게 되었고, 덕분에 유튜브는 커버곡이라는 오리지널 음악 콘텐츠를 잔뜩 보유하게 되었다.

'보는' 음악이 트렌드라는 증거는 또 있다. 우리나라는 세계에서 유례를 찾기 어려울 정도로 꾸준히 음악 예능 프로그램이 인기를 얻고 있는데, 〈슈퍼스타 K〉처럼 오디션 포맷으로 시작된 음악 예능은 〈슈퍼밴드〉, 〈내일은 미스트롯〉처럼 장르을 넓혀가며 팬덤을 늘려나가고 있다. 음악 예능에서 대중에게 인상을 남긴 무대 영상은 유튜브를 통해 꾸준히 재생되며 인기를 얻는다. 2014년 〈슈퍼스타 K 6〉에서 곽진언, 김필, 임도혁이 벗님들의 '당신만이'를 편곡해서 꾸민 무대는 이승철 심사위원의 만점 평을 받았고 유튜브에서도 800만(유튜브 내 관련 영상 종합)에 가까운 조회 수를 기록하며 큰 이슈가 되었다. 그리고 시간이 한참 지난 지금에 와서도 해당 영상에 댓글이 달리는 등 계속해서 회자되고 있다. 이처럼 국내 음악 예능을 통해 다시 새롭게 부활하게 된 곡들은 이를 누렸던 세대에게 과거에 대한 향수를 불러일으켰고, 1020 세대에게는 뉴트로* 문화로 자리매김하며 '보는' 음악이라는 새로운 소비 트렌드를 만들어냈다.

아이돌 중심의 K팝도 이러한 '보는' 음악 트렌드의 수혜를 톡톡히 누리는 장르다. 방탄소년단, 마마무, 모모랜드 등 국내 아티스트들의 화려한 무대와 안무, 뮤직비디오는 유튜브에서 커버 영상이 쉴 없이 업로드되고 있다. 국내 음원 스트리밍 플랫폼의 맏형인 멜론을 운영하는 카카오M은 2014년 유튜브에 동영상 채널 '원더케이'를 론칭하여, 지속적으로 K팝 스타들의 뮤직비디오와 영상 콘텐츠를 확보·공급해

🌀 유튜브가 없었다면 어쩌면 태어나지 않았을 '비디오 밴드', OK Go. 바야흐로 음악도 보는 시대다.

왔다. 5년이 흐른 지금의 원더케이 채널은 국내 음원 스트리밍 플랫폼에 접근하기 어려운 해외의 K팝 팬들까지도 흡수하여 244개국에 걸쳐 1,820만 명 이상의 구독자를 보유하고 있다. 2018년에도 모모랜드의 '뿜뿜'과 'BAAM', 펜타곤의 '빛나리' 등의 국내 아티스트 뮤직비디오 세 편이 무려 1억 이상의 조회 수를 기록할 정도로 가파르게 성장했다. 이 정도 규모의 구독자 수는 이 분야의 글로벌 최대 사업자 VEVO의 유튜브 구독자 수 1,900만과 견줘보아도 밀리지 않는 규모다.

이러한 트렌드는 국내뿐만 아니라, 해외에서도 어렵지 않게 찾아볼 수 있다. 오케이고OK Go는 보는 음악의 특성을 가장 잘 활용한 대표적인 비디오 밴드로 꼽힌다. 가수지만 음악보다도 영상으로 유명해진 이들은 뮤직비디오를 위해 무중력에서 춤을 추거나 초슬로 모션 등의 기법을 동원한다. 이렇게 기묘하고 멋진 뮤직비디오를 만들어내기 위한 노력이 다른 가수나 밴드와는 차원이 다른 수준이라, 최근 PPL 등을 통해 그들의 뮤직비디오 제작에 투자하는 스폰서 기업들도 늘어나고 있다. 유튜브에 올라오는 제작 비하인드에서는 리드 보컬인 데미안 쿨라쉬^{Damian Kulash}가 모든 영상 연출의 총감독을 맡아 현장을 진두지휘하는 모습을 볼 수 있는데, 음악뿐만 아니라 영상까지 전부 스스로 디렉팅하는 진정한 '비디오 밴드'라고 할 수 있을 것이다.

글로벌 3대 음반사 + 구글 = VEVO

앞서 원더케이와 비교하며 언급했던, 보는 음악 전문 미디어 서비스인 VEVO는 '비디오 에볼루션^{Video EVOlution}'이라는 의미로 2009년 12월 소니 뮤직과 유니버설 뮤직 그룹, 아부다비 미디어(2007년 아부다비 정부에 의해 설립된 미디어 사업체로, 아부다비 채널과 스타 FM, 내셔널 지오그래픽 아부다비 채널 등 20여 개 이상의 채널과 출판·디지털 미디어 플랫폼 브랜드를 갖고 있음) 그리고 구글의 합작을 통해 설립되었다. 그리고 2016년에는 워너 뮤직 그룹과도 라이센스 계약을 체결하면서 글로벌 3대 음반사가 모두 VEVO에 참여하게 되었다. 이 연합체의 특이한 점은 글로벌 3대 음반사와 구글의 협업 구조인데, 여기서 구글은 음원을 비롯한 디지털 콘텐츠의 유통 역할을 맡고 있다. 유튜브를 소유한 구글이 참여한 VEVO는 2018년 5월부터 기존에 운영하던 모든 앱과 웹 사이트를 폐쇄하고 오직 유튜브를 통해서만 콘텐츠를 제공하기로 결정했다. 구글과 음반사들은 광고 수익 일부를 나눠가지는 방식으로 VEVO를 운영하는데, 유튜브 VEVO 채널의 월평균 영상 조회 수는 약 250억 건 정도다. 뿐만 아니라 구독자 수는 1,900만에 이르고 브랜드 가치 또한 높기 때문에 일반 채널보다도 10배 정도 더 많은 광고 수익을 올린다. 예를 들어,

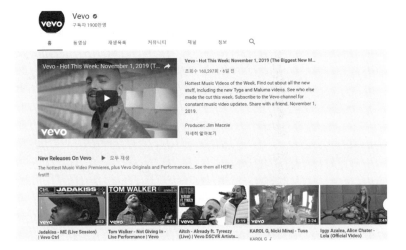

● 글로벌 3대 음반사와 구글의 합작으로 탄생한 VEVO. 1,900만 명의 구독자를 보유한 세계 최대 '동영상 뮤직' 업체로 유튜브 월평균 조회 수가 약 250억 회에 달한다.

일반 아티스트 채널의 CPM˚은 미국 기준으로 3달러에 머무르는 반면 VEVO 채널은 20~25달러로, 시장에서 그 가치를 인정받고 있다.

2018년 5월에는 유튜브 프리미엄이라는 유료 서비스가 등장했다. 유튜브 프리미엄을 통해서는 광고를 보지 않고도 끊김 없이 음악을 감상할 수 있고, 스마트폰에서 다른 앱을 사용하는 동안이나 화면이 꺼진 상태에서도 영상을 재생할 수 있다. 이 '백그라운드 재생' 기능 덕분에 유료 사용자들은 공식 음원을 별도 구매하지 않고 영상으로 올라온 비공식 음원들을 자유롭게 들을 수 있게 되었다.

온라인 스트리밍 플랫폼 간의 경쟁이 치열해지면서 음원 스트리밍 사업자들은 시장에서 차별화를 이루기 위해 골몰하고 있다. 향후에는 단순히 음원 스트리밍 서비스만을 제공해서는 경쟁 우위를 점하기 불가능할 것이다. 이러한 현실의 음악 시장에서 유튜브는 '보는 음악'을 통해 그들만의 오리지널 콘텐츠가 만들어질 수 있는 생태계를 구축해놓았다. 또한 기술의 진화도 보는 음악의 성장을 뒷받침해주고 있다. 5G의 상용화로 인한 통신 속도의 향상 덕분에 고차원의 영상 기술이 실현될 수 있는 환경이 마련되고 있기 때문이다. 바야흐로 디지털 음악은 청각뿐만 아니라, 시각까지 자극해야 하는 시대가 왔다.

'싸움꾼' 테일러 스위프트가
유독 유튜브에 관대한 이유

미국에서 가장 영향력 있는 아티스트이자 이슈 메이커인 테일러 스위프트Taylor Swift가 2014년, 스포티파이에 전쟁을 선포했다. "아티스트와 제대로 수익을 배분하지 않는 스포티파이에게는 내 인생이 담긴 음악을 제공하고 싶지 않다"라며 음원 공급을 중단한 것이다. 빌보드 차트와 그래미를 종횡무진하며 대중의 마음을 사로잡은 슈퍼스타의 선전 포고에 전 세계 음악계가 관심을 보였다. 이후 스위프트는 실제로 3년 동안 스포티파이에 음원을 공급하지 않다가, 2017년 6월에서야 〈1989〉 앨범의 1천만 장 판매 돌파를 기념해 팬들에게 감사의 표시로 음원 공급을 재개하겠다고 발표했다. 하지만 이는 대외적인 명분이며, 스포티파이가 대스타인 스위프트의 마음을 돌리기 위해 물밑에서 별도의 협상 조건을 내걸었다는 설이 있다. 그녀는 스포티파이에 이어 애플뮤직

도 무릎을 꿇게 만들었다. 애
쁠뮤직은 플랫폼을 론칭한
후 3개월간 사용자에게 무료
로 음원을 제공했는데, 이 기
간에는 아티스트를 비롯한
저작권자들에게 저작권료를
지급하지 않겠다고 일방적
으로 결정했다. 플랫폼의 이
른바 '갑질'에 분노한 스위
프트가 텀블러Tumblr를 통해
〈1989〉 앨범을 애플뮤직에
서 빼겠다고 하자, 애플은 즉
각 태도를 바꿔 무료 서비스

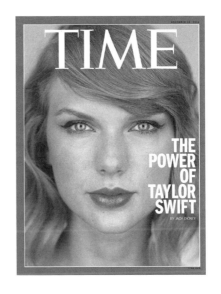

저작권료 문제로 스포티파이와 애플을 무릎 꿇게
만든 테일러 스위프트. 그녀의 투쟁은 〈타임〉 표
지를 장식할 정도로 획기적인 사건이었다.

기간에도 아티스트들에게 수익을 배분하겠다고 발표했다.

또한 록 밴드 라디오헤드의 리더 톰 요크Thom Yorke도 트위터를 통
해 스포티파이의 정산 방식을 비난하며 본인이 리드싱어로 참여한 프
로젝트 그룹인 아톰스 포 피스Atoms for Peace의 앨범을 스트리밍할 수 없
게 했다. 이것으로도 분이 안 풀렸는지 그는 트위터에서 스포티파이를
"레코드 산업이라는 죽어가는 시체가 뀌는 마지막 방귀"로 비유하며
독설을 퍼부어댔다. 테일러 스위프트와 톰 요크의 이 같은 문제 제기
는 수많은 아티스트들의 공감을 얻어냈고, 가스 브룩스Garth Brooks, 킹 크
림슨King Crimson 같은 일부 아티스트들도 음원 제공 중단에 동참했다.

CD가 음악 산업 전반을 지배하던 시절에는 아티스트가 1만 원짜리 CD 1장을 팔면 적어도 몇백 원에서 많게는 몇천 원까지 벌 수 있었다. 그런데 지금은 스포티파이 같은 글로벌 음원 스트리밍 플랫폼 기준으로 음원이 1회 재생되었을 때 창작자가 정산받을 수 있는 금액은 겨우 7~8원 수준이다. 국내도 4.55원 정도(문화체육관광부 2019년 개정 기준)로 사정은 크게 다르지 않다. 이마저도 제작사, 작사가, 작곡가, 편곡가 등과 함께 나눠 가져야 하기 때문에 아티스트가 실제로 손에 쥘 수 있는 돈은 미미하다. 플랫폼과의 개별 협상을 통해 좀 더 수익을 챙겨갈 수도 있긴 하지만, 그러한 협상은 대형 제작사 같은 힘 있는 자에게나 유효한 얘기일 뿐, 보통의 아티스트들은 아무 목소리도 내지 못하고 주는 대로 받는 수밖에 없는 실정이다.

이렇게만 보면 음원 스트리밍 플랫폼이 아티스트들을 무자비하게 착취하고 있는 것 같지만, 그들에게도 나름대로 고충이 존재한다. 스포티파이 같은 글로벌 음원 스트리밍 플랫폼 사업자들은 수익의 70%를 권리자에게 지불해야 하기 때문이다. 여기서 권리자란 제작사, 저작권자(작곡가/작사가), 실연자(가수)를 통칭하는 개념이며, 통상적으로 저작권자에게 수익의 12%, 제작사와 실연자에게 58% 정도가 배분된다. 국내에서는 문화체육관광부의 '음원 전송사용료 징수규정'에 따라 수익을 배분하는데, 2018년까지 플랫폼 40%, 권리자 60% 비율로 배분되던 것이 2019년 개정된 현재는 플랫폼 35%, 권리자 65%로 변경되어 글로벌 수준에 가까워졌다고 볼 수 있다.

스포티파이는 이러한 구조적 문제의 원인이 음악 산업의 복잡한 유통 구조라고 판단했다. 실제로 한 명의 아티스트가 스트리밍 플랫폼에 음원을 올리기 위해서는 상당히 복잡한 단계를 거쳐야 하고, 이 과정에서 음악의 원천 권리를 소유한 아티스트는 그 권리를 제작사 등 다양한 이해관계자들에게 이양해야 한다. 스포티파이는 이러한 불투명한 유통 구조를 개선하고자 2018년 9월부터 아티스트에게서 직접 음원을 공급받는 새로운 직거래 방식의 비즈니스 유통 모델을 출범시켰다. 직거래 방식을 통하면 음원 수익은 스포티파이와 아티스트가 반반씩 나눠 갖게 되어 기존보다 많은 수익을 가져갈 수 있다. 또한 스포티파이는 아티스트들에게 자신의 음악을 어떤 사람들이, 언제, 어디에서 즐겨 듣는지 등의 데이터를 제공하여 아티스트의 마케팅에도 도움을 준다.

스포티파이가 제시한 이 해결 방안은 아직 걸음마 단계지만 궤도에 안착할 수 있다면 시장의 유통 구조를 개선하여 음악 산업 전반에 큰 변화를 몰고 올 것이다. 실제로 미국의 인기 오디션 프로그램 〈아메리칸 아이돌〉을 통해 17세에 데뷔했으나, 10년간 무명 생활을 했던 콜맨Coleman은 최근 '런 어라운드'라는 자작곡을 직접 스포티파이에 올렸는데, 두 달이 채 되기 전에 100만 회 이상의 스트리밍 횟수를 기록하며 그 가능성을 보여주었다.

13억이 듣는 유튜브는 거대한 마케팅 플랫폼

그런데 그동안 거대 음원 스트리밍 플랫폼들과 싸워 승리를 쟁취해냈던 테일러 스위프트도 유튜브에 만큼은 매우 관대한 태도를 보인다. 유튜브에서 테일러 스위프트의 뮤직비디오나 노래는 거의 공짜에 가깝게 제공되고 있지만, 이에 대한 그녀의 대처 방법은 스포티파이 때와는 사뭇 다르다. 유튜브의 음악 콘텐츠 소비자는 무려 13억 명으로 이는 다른 음원 스트리밍 서비스 사용자를 모두 합친 것의 5배 가까이 되는 수준이다. 일반적으로 광고가 3~5개 들어가는 10분 이상의 콘텐츠일 경우 유튜브에 영상을 게시한 자는 한 번의 조회 수당 1원의 수익을 거둘 수 있다고 알려져 있는데, 음악 콘텐츠는 대부분 10분 미만이라 1개의 광고만 들어간다. 따라서 유튜브에서 음악 콘텐츠를 통해 얻을 수 있는 직접적인 수익은 미미한 수준이다. 하지만 유튜브에 올린 영상은 강력한 마케팅 효과를 발휘하여 결과적으로 더 돈이 되기 때문에, 업계에서는 유튜브를 수익 창출용이라기보다는 마케팅 플랫폼으로 인식하고 있다. 천하의 테일러 스위프트도 유튜브 앞에서는 조용한 이유다.

하지만 이 때문에 플랫폼 간의 가치 차이Value Gap 문제 또한 부각되고 있다. 사용자가 직접 콘텐츠를 업로드하도록 지원하는 유튜브 같은 온라인 플랫폼 서비스와 스포티파이 같은 음원 스트리밍 플랫폼 간에 수익 격차가 점점 벌어지고 있는 것이다. 유튜브는 저작권법을 회피할 수 있는 저작권 침해 면책 조항을 근거로 일반인들이 올린 음악 콘텐츠는 스포티파이나 애플뮤직처럼 저작권을 협의할 필요가 없다고 주장하고 있다. 유튜브는 미국 기업으로, 디지털 밀레니엄 저작권법Digital Millennium Copyright Act의 '피난처 조항Safe Harbor'으로 불리는 저작권 침해 면책

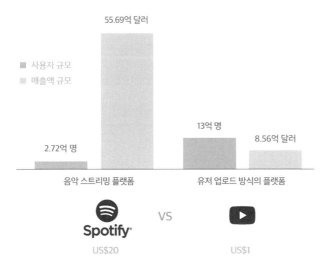

〈플랫폼 사용자 1인당 추정 매출액 비교〉

55.69억 달러

■ 사용자 규모
■ 매출액 규모

13억 명

8.56억 달러

2.72억 명

음악 스트리밍 플랫폼   유저 업로드 방식의 플랫폼

Spotify   VS   ▶

US$20   US$1

출처: 2018년, 국제음반산업협회

조항(제512조 c항)을 적용받고 있다. 이 조항에 따르면 플랫폼 서비스 제공자가 운영하고 통제하는 시스템에 게시되는 자료들에 대해 제3자가 저작권 침해 주장을 할 경우, 일정 요건하에서 플랫폼 서비스 제공자의 책임이 면책된다. 우리나라도 저작권법의 온라인 서비스 제공자의 책임 제한 조항(제102조)을 통해, 온라인 플랫폼 서비스 제공자가 저작권 침해 주장으로부터 면책받을 수 있는 요건을 정하고 있어 국내에서도 사정은 크게 다르지 않다.

이에 따라 유튜브로 인한 음원 산업의 균형이 서서히 흔들리고 있는데, 실례로 2018년 국제음반산업협회에 따르면 스포티파이와 유튜브에서 발생하는 사용자 1인당 매출은 심지어 20배 이상의 차이를 보이기도 했다. 또한 유튜브는 세계 음악 시장의 85%를 차지하는 대부분의 국가에서 음원 청취 시간을 기준으로 점유율 46%를 차지했음에도 불구하고, 정작 음악 산업에 기여한 매출은 전체 시장 규모의 4.9%에 불과했다. 이처럼 유튜브는 미국 뿐만 아니라, 남미, 동남아시아 등 수많은 국가에서 음악 감상을 위한 주요 플랫폼으로 활용되고 있지만, 그만큼 수익은 비례하지 않기 때문에 가치 차이에 대한 이슈는 지속적으로 제기될 것으로 예상된다. 국내도 이와 유사한 상황인데, 한국인터넷기업협회가 2018년 3월, 만 15세 이상 1,000명을 대상으로 조사한 모바일 이용행태 보고서에 따르면 유튜브는 이미 국내 최대 음원 스트리밍 플랫폼 멜론을 제치고 음악 들을 때 사람들이 가장 많이 쓰는 앱으로 자리를 잡았다.

　앞으로 음악 콘텐츠는 어떤 플랫폼을 통해 전달될까? 아직 기존 음원 스트리밍 플랫폼의 전성기는 끝나지 않았지만 유튜브의 위세는 갈수록 강력해지고 있다. 만약 현재의 유통 구조에서 유튜브가 음악 산업을 이끄는 주자가 된다면 아티스트들의 생존 환경은 급격히 악화될 수밖에 없다. 실물 음반에서 MP3 다운로드로 그리고 스트리밍으로 소비 형태가 진화했지만 아티스트들의 수익은 그와 반대로 점점 감소해왔다. 유튜브가 음악 산업의 심장부로 자리 잡아감에 따라, 이제는 과거 음악 산업의 역사를 되짚어보며 아티스트들의 목소리에 주의를 기울여야 한다. 한 가지 자명한 사실은, 빠르게 진화하는 디지털 세계에서 음악 산업이 지속적으로 발전하기 위해서는 공정한 시장이 반드시 전제되어야 한다는 점이다.

섭외 1순위
가성비 콘텐츠 팟캐스트

- 가장 유력한 콘텐츠 신인왕 후보는 팟캐스트다
- 알고 보니 천생연분? 올드 미디어와 팟캐스트
- 음악 스트리밍에서 '오디오 스트리밍'으로 진화 중인 스포티파이
- 할리우드도 눈독 들이는 드라마틱 팟캐스트
- 루미나리가 쏘아 올린 작은 공, 독점 콘텐츠 전쟁의 시작

티키타카 Tiqui-taca 스페인어로 '탁구공이 왔다 갔다 한다'는 뜻이며 원래 짧은 패스 중심 스페인 축
구를 비유하는 말. 최근에는 사람들이 대화를 빠르게 주고받는 모습을 표현할
때 이 말을 사용하기도 한다.

커넥티드 카 Connected Car 정보 통신 기술과 자동차를 연결시킨 것으로 양방향 인터넷, 모바일 서비스 등
이 가능한 차량. 차 안에서 실시간으로 날씨나 뉴스 등의 정보를 수신할 수 있
고 영상이나 음악의 스트리밍도 가능하다.

드라마틱 팟캐스트 TV드라마 같은 스토리 전개 중심의 팟캐스트 콘텐츠로, 주로 '팟캐스트 드라
마', '팟캐스트 픽션'이라고 불리지만, 이 책에서는 '드라마틱 팟캐스트'라고 표
현한다.

가장 유력한 콘텐츠
신인상 후보는 팟캐스트다

"오늘 하루 내가 뭐 했지?"라고 게으름을 자책하는 독자들이 있다면 이제부터는 그러지 않길 바란다. 우리는 생각보다 24시간을 알차게 사용하고 있다. 미국 시장 조사 업체 엑티베이트Activate의 발표에 따르면 미국 성인이 하루 동안 소비하는 시간은 무려 평균 31시간이라고 한다. 하루는 24시간인데 7시간이나 더 소비한다니 대체 무슨 말인가 싶겠지만, 이는 우리가 한 번에 여러 가지 일을 동시에 하는 멀티태스킹을 평균 7시간 이상 한다는 뜻이다. 우리는 식사를 하면서 전화를 받기도 하고, 요리를 하면서 팟캐스트를 듣기도 하고, 게임을 하면서 라면을 먹기도 하고, 학교 가는 지하철에서 웹툰을 보기도 한다.

　이러한 멀티태스킹에 가장 적합한 콘텐츠가 앞장에서 설명된 음악을 비롯하여 오디오북, 팟캐스트 같은 오디오 기반의 콘텐츠일 것이다. 오디오북의 경우 애플, 구글, 아마존 등 글로벌 IT공룡들이 모두 서비스 하고 있으며 전세계 19개국에 서비스를 제공 중인 스토리텔^{Story}이라는 스웨덴 회사가 2019년 11월 한국 시장에 진출하기도 했다. 하지만, 아직 미미한 글로벌 가입자 규모 등 시장 형성 단계이므로 본 장에서는 산업적으로 성숙된 팟캐스트 콘텐츠를 논의하고자 한다.

'듣는' 콘텐츠가 뜬다

2018년 8월, 네이버는 1020세대를 타깃으로 대놓고 멀티태스킹을 권장하는 팟캐스트 서비스 나우^{Now}를 론칭했다. 별도로 앱을 다운로드받지 않아도 네이버 앱 첫 화면에 노출되어 있는 '나우' 버튼을 클릭하면 된다. 사용자는 검색, 쇼핑, 뉴스 등의 네이버 서비스를 이용하면서 동시에 아이돌 가수 하성운이 진행하는 〈심야 아이돌〉이나 가수 에릭남이 진행하는 〈에릭남쇼〉 같이 스타가 진행하는 오디오 콘텐츠를 들을 수 있다. 뿐만 아니라, 〈#오늘하루화이팅〉, 〈느긋한 저녁〉 등의 방송에서는 시간대별로 선정된 테마 음악도 24시간 들을 수 있다. 네이버는 나우를 '라이브 오디오 쇼'라고 자칭하는데, 정해진 시간대에 맞춰 방송되는 점이 마치 라디오 같기 때문이기도 하다.

이미 네이버는 2017년에 론칭한 팟캐스트 서비스 오디오클립으로 오디오 콘텐츠 청취자를 끌어 모으는 중이었다. 오디오클립은 2018년 6월부터 2019년 6월까지 1년 사이에 방송 채널 수가 250%, 채널 내 콘텐츠 수가 500% 이상 증가하여 규모가 커졌다. 오디오클립에 이어 1020세대가 선호하는 콘텐츠를 담은 나우까지, 네이버가 이토록 욕

심내는 팟캐스트 시장은 도대체 얼마나 잠재성이 큰 걸까?

이는 팟캐스트가 일찌감치 시장에 자리 잡은 미국 시장 데이터에서 힌트를 얻을 수 있다. 미국 시장 조사 업체 에디슨 리서치Edison Research 가 만 12세 이상 미국인 1,500명을 대상으로 한 설문에 따르면, 팟캐스트를 청취

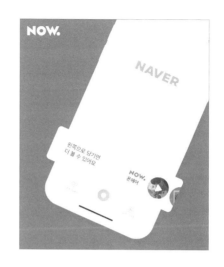

● 네이버 팟캐스트 서비스, '나우'. 1020 세대를 겨냥한 오디오 콘텐츠를 담고 있다.

하는 월간 인구는 약 9천만 명으로 추산되고, 그 비중이 2008년 9%에서 2019년 32%로 증가했다. 또한 평생 한 번이라도 팟캐스트 방송을 청취한 적이 있는 사람은 전체 인구 중 51%에 달했다. 이에 대해 에디슨 리서치의 수석 부사장 톰 웹스터Tom Webster 는 "팟캐스트 청취 경험이 있는 인구 비중이 절반 이상을 돌파한 것은, 팟캐스트 방송 시장의 진정한 분수령이자 팟캐스트가 주류 매체로 확실하게 자리 잡았음을 의미한다"고 강조했다.

팟캐스트의 성장세는 광고 매출을 보아도 알 수 있는데, 2018년 미국 팟캐스트 광고 시장 규모는 전년 대비 53% 성장한 4억 7,910만 달러약 5,750억 원였으며, 2015년에서 2018년 사이에 연평균 성장률은 무려 65%다. 이 같은 추세는 앞으로도 지속되어, 2021년에는 광고 매출

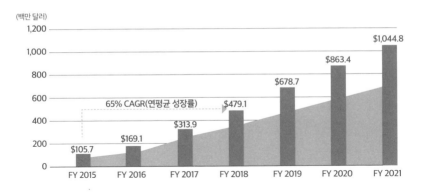

〈2015년부터 2021년까지 미국 팟캐스트 시장의 광고 매출과 전망〉

(백만 달러)

- $105.7 — FY 2015
- $169.1 — FY 2016
- $313.9 — FY 2017
- $479.1 — FY 2018
- $678.7 — FY 2019
- $863.4 — FY 2020
- $1,044.8 — FY 2021

65% CAGR(연평균 성장률)

출처: Iab&PwC 2018, Podcast Ad Revenue Study 2019

10억 달러 이상을 달성할 것으로 전망된다. 팟캐스트 광고 시장에 대한 장밋빛 전망이 가능한 이유는 합리적인 광고 단가로 '타깃팅 광고'를 할 수 있다는 점이다. 동영상 광고 대비 단가가 저렴하고, 음악에 비해 보다 구체적으로 사용자의 취향이나 패턴을 알 수 있기 때문이다. 좋아하는 가수와 장르, 성별, 연령대, 거주 지역의 정보만으로는 피상적인 맞춤형 광고밖에 할 수 없으나, 테크와 비즈니스 분야의 팟캐스트 방송을 즐겨 듣는 사람은 'IT 신제품에 관심이 많을 것이다'는 취향이 파악되므로 새로 나온 IT 디바이스를 노출하는 타깃팅 광고가 가능한 것이다.

2019년 6월, 스포티파이는 "팟캐스트 청취 이력을 활용한 맞춤형 광고를 게시하면서 광고 효과 측정을 위한 솔루션도 개발할 것"이라고 선언했다. 2019년 8월, 구글은 검색창에 팟캐스트라는 단어와 함께 무

팟캐스트 프로그램 장르 구분	비즈니스 장르內 카테고리
News / Politics / Current Events	Retail (Direct to Consumer)
Comedy	Financial Services
Business	Business-to-Business
Education	Arts & Entertainment
Arts & Entertainment	Telecommunications
True Crime	Retail (Brick & Mortar / eCommerce)
Technology	Corporate
Lifestyle	Other
Scripted Fiction	Consumer Packaged Goods
Games & Hobbies	Travel and Tourism
Children's Programming	Pharmaceuticals, Healthcare, Drugs, and Remedies
Sports	Automotive / Automotive Services
Health & Medicine	Beverage / Restaurants
Other	

출처 : Iab&PwC 2018, Podcast Ad Revenue Study 2019

언가를 입력하면 그 주제에 관한 팟캐스트를 바로 청취할 수 있는 기능(예를 들어, '팟캐스트 박스오피스'를 검색하면 박스오피스와 관련된 팟캐스트 콘텐츠가 결과에 노출됨)을 추가했다. 이는 팟캐스트 방송의 청취 데이터 수집을 위한 움직임으로 해석된다. 초대형 음악 스트리밍 사업자인 스포티파이와 구글의 이러한 행보는 팟캐스트 광고 시장의 밝은 미래에 신뢰를 더해준다.

앞서 테크와 비즈니스 장르의 팟캐스트를 듣는 사람에게 IT 디바이스의 신제품 광고가 가능하다는 사례를 언급했듯이, 팟캐스트 콘텐츠가 사용자의 취향을 파악하기에 유리한 이유는 바로 '콘텐츠의 다채로움과 디테일' 덕분이다. 다른 콘텐츠보다 제작이 수월한 팟캐스트는 애초부터 다양한 개인 창작자들이 모여서 그 생태계가 만들어졌다. 별의별 사람들이 별의별 주제로 제각각의 '덕질'을 뽐내며 티키타카° 하던 것이 모여 팟캐스트라는 콘텐츠가 만들어졌다는 뜻이다. Iab&PwC

에서 발표한 자료에 따르면 팟캐스트는 뉴스·코미디·비즈니스 등 14개 장르로 구분된다. 여기서 한 단계 더 들어가 장르 내에서도 유형을 세분화했는데, 예를 들어 비즈니스 장르의 경우 '리테일'에서부터 '식음료'까지 13개로 나뉜다. 장르 내의 카테고리 수는 다를 수도 있다는 점을 감안해서 10개의 장르를 10개의 카테고리로 나눈다고 하더라도 그 합은 무려 100개(10x10)나 되는 것이다.

2012년 국내 최초로 팟캐스트 플랫폼을 시작한 팟빵 역시 누구나 콘텐츠를 올릴 수 있는 오픈 플랫폼으로 시작하여, 지금은 보유 채널 수와 사용자 수 측면에서 국내에서 압도적인 1위 플랫폼 자리를 지키고 있다. 2019년 7월 팟빵이 발표한 자료에 따르면, 현재 팟빵에는 약 2만여 개의 방송 채널이 운영되고 있으며, 월평균 사용자 수는 350만 명에 달한다. 기존에 시사와 사회평론 분야의 방송을 중심으로 성장해온 팟빵은 점차 코미디·취미·문화 등 더욱 다양한 카테고리에 걸쳐 방송 채널이 개설되면서 지금은 2040세대의 청취자를 고르게 확보하며 꾸준히 성장하고 있다. 향후 AI 스피커와 커넥티드 카가 상용화되면 오디오 콘텐츠의 전망은 더욱 밝아질 테니, 이쯤 되면 팟캐스트를 앞으로가 더 기대되는 유력한 콘텐츠 신인왕 후보로 봐도 될 것 같다.

알고 보니 천생연분?
올드 미디어와 팟캐스트

국내에서는 주로 팟빵, 오디오클립, 팟프리카(아프리카TV 소유) 등의 플랫폼이 시장을 주도하면서 비교적 최근에서야 콘텐츠로서의 팟캐스트 방송이 주목받기 시작한 한편, 이미 일찌감치 시장이 형성된 미국이나 영국에서는 팟캐스트를 둘러싼 다양한 움직임이 포착되고 있다. 먼저 소위 올드 미디어라고 불리는 신문, 잡지 진영에서 팟캐스트를 활용한 성공 사례들이 속속 나오고 있다.

184년의 역사를 자랑하는 영국의 대표 시사 주간지 〈이코노미스트〉는 팟캐스트 전략을 선도하는 대표적인 사업자다. 2006년에 처음으로 팟캐스트를 개설한 후, 텍스트 형태의 기사를 오디오 버전으로 제공하는 수준에서 점차 과학·기술·비즈니스·금융을 주제로 라인업을 확장하더니 2019년에는 뉴스 심층 분석 팟캐스트 채널인 '더 인텔

● 〈이코노미스트〉의 팟캐스트 방송 '더 인텔리전스'와 〈모노클〉이 만든 '모노클24'

리전스'까지 만들었다. '더 인텔리전스'는 글로벌 특파원이 세계적인 이슈에 대해 새로운 관점을 제시하는 20분짜리 데일리 팟캐스트인데, 뉴스를 단순하게 브리핑하는 데 그치던 기존 뉴스 콘텐츠들과는 달리 심층적인 분석에 중점을 맞췄다. '더 인텔리전스' 덕분에 〈이코노미스트〉는 기존의 독자들을 충성 고객으로 전환시켰을 뿐만 아니라 신규 고객을 확보하여 광고 매출이 증가하는 두 마리 토끼를 잡게 되었다.

　〈이코노미스트〉가 꾸준히 팟캐스트에 공을 들이는 이유는 성과를 통해서도 확인할 수 있다. '더 인텔리전스'는 2018년 한 해 동안 700만 건의 청취를 달성했고, 영국의 팟캐스트 플랫폼 아케스트^{Acast}에서도 '더 인텔리전스' 월 광고 매출이 50% 이상 증가했다. 〈이코노미스트〉의 디지털 부문 책임자 톰 스탠디지^{Tom Standage}는 "팟캐스트는 광고 수익 모델로서 매우 훌륭하며, 콘텐츠 제작 비용이 낮음에도 불구하고 광고 수익이 크다. 어쩌면 팟캐스트가 동영상 매체보다 광고 효과가 높을 수 있다고 생각한다"라고 언급하는 등, 팟캐스트 전략에 대한 강한 확신을 보였다.

올드 미디어 중에서 그나마 덜 '올드'한 매체를 꼽으라면 아마도 잡지일 것이다. 요즘은 소위 '힙하다'고 소문난 카페에 가면 꼭 〈매거진 B〉나, 〈킨포크〉 같은 라이프스타일 잡지가 은은한 조명 아래 놓여져 있는데, 이런 류의 잡지 중에서 가장 주목받는 것이 바로 〈모노클〉이다. 〈모노클〉은 2007년 영국에서 창간된 월간지로, '프리미엄' 콘텐츠를 다룬다. 〈모노클〉의 타깃은 '맞춤 정장을 입고, 당연히 MBA를 수료했으며, 뉴욕 같은 대도시에 거주하고, 비즈니스석에 앉아 해외 출장을 다니는 남성'이다. 그리고 이들의 주된 관심사인 국제 정세·비즈니스·문화·디자인·라이프스타일 분야의 콘텐츠를 〈모노클〉만의 감성으로 포장해서 전달한다. 이런 〈모노클〉도 2011년부터 디지털 매체로의 확장 전략을 취하기 시작했는데, 바로 '모노클 24'라는 팟캐스트 서비스다.

모노클이 팟캐스트를 선택한 이유는 인쇄매체의 위기 때문만은 아니다. 출장이 잦은 독자들이 언제 어디서나 프리미엄 콘텐츠를 접할 수 있도록 하자는 것이 주 목적이다. 그래서 '모노클24'도 보통의 팟캐스트처럼 단순히 기사를 읽어주거나 수다를 떠는 흥미 위주의 방송이 아니라, 전문 프로듀서가 제작한 고품질의 콘텐츠를 제공한다. 이렇게 제작된 팟캐스트 방송은 '모노클 24' 앱을 비롯한 다양한 플랫폼을 통해 고객에게 제공된다. 〈모노클〉 대표, 타일러 브륄레Tyler Brule는 팟캐스트로 유입된 신규 청취자들이 지면 잡지에도 관심을 갖기 시작하면서 정기 구독자가 늘고 있다고 밝혔다. 기존 독자들을 위해 시작한 팟캐스트 서비스가 신규 독자를 유입하고 있는 것이다.

이렇게 신문과 잡지는 디지털에 익숙해진 소비자의 눈높이에 맞추기 위해 팟캐스트를 선택했다. 신문과 잡지는 각 분야 전문 기자와 각양각색의 시각을 가진 에디터들이 만드는 짧은 분량의 콘텐츠들이 하나하나 모여 만들어진다. 그래서 긴 호흡의 분량을 가진 영화나 책과 달리, 시간 날 때 관심 가는 부분만 골라서 볼 수 있는 것이다. 그러니 토막토막 보는 재미를 주는 신문과 잡지 콘텐츠가 멀티태스킹에 적합한 팟캐스트와 만난 것은 어쩌면 당연해 보인다.

음악 스트리밍에서 '오디오 스트리밍'으로 진화 중인 스포티파이

"그동안 우리가 이룬 것을 자랑스럽게 생각합니다. 그러나 스포티파이를 시작한 2008년에는 몰랐던 것들이 곧 스포티파이의 미래가 될 것입니다. 이제 우리가 제공하는 것은 단지 음악에만 그치지 않을 것입니다."

2019년 초 스포티파이의 CEO 다니엘 에크Daniel ek가 한 말이다. 2019년 1분기 기준으로 글로벌 시장에서 월간 2억1천7백만 명의 사용자 수와 1억 명의 유료 구독자 수를 보유한 세계 최대의 음원 스트리밍 사업자 스포티파이도 최근 잇따라 팟캐스트 플랫폼을 인수하여 주목받고 있다. 2019년 2월, 스포티파이는 김렛 미디어Gimlet Media와 앵커Anchor를 인수했다. 김렛 미디어는 〈크라임타운〉, 〈리플라이 올〉, 〈홈커밍〉 등 쟁쟁한 팟캐스트 콘텐츠를 보유하고 있는 세계 최고의 팟캐스트 제작

● 스포티파이 앱 라이브러리의 서비스 디자인. Music과 Podcasts가 동일한 크기로 소개되어 있다.

사이고, 앵커는 팟캐스터들이 손쉽게 콘텐츠를 제작하고 이를 수익화할 수 있도록 지원하는 유통 플랫폼이다. 정확한 인수가액은 공개되지 않았지만, 김렛 스튜디오 인수에 들인 비용만 2억 3천만 달러약 2,747억 원로 파악된다. 이를 통해 스포티파이는 전 세계의 팟캐스트 제작자들이 모여드는 오디오 플랫폼으로 발돋움 할 수 있으리라는 기대를 받았다.

그리고 불과 한 달 뒤인 2019년 3월, 스포티파이는 팟캐스트 스튜디오인 파캐스트Parcast 인수 소식을 발표해 또 한 번 업계의 주목을 끌었다. 파캐스트는 미스터리·범죄·SF·역사 등, 드라마틱 팟캐스트 방송을 제작하는 스튜디오로, 2016년 설립 이래로 파캐스트의 걸작 시리즈라고 불리는 〈마음의 눈Mind's Eye〉을 비롯해 〈연쇄살인범들Serial Killers〉, 〈컬츠〉 같은 방송을 제작했다. 이 경우도 정확한 인수가액은 밝혀진 바 없지만, 〈파이낸셜 타임스〉에 따르면 스포티파이가 최소 1억 달러약 1,200억 원나 그 이상의 자금을 투입했을 거라고 한다. 스포티파이는 팟캐스트 업체를 인수합병하기 위해 2019년에만 5억 달러 이상을 쏟은 것으로 예상되는데, 음악 콘텐츠를 넘어 고객이 '듣는 것'이라면 어떤 콘텐츠라도 제공하겠다는 스포티파이의 선언이 이제 빈말로 들리지 않는다. 이러한 의지는 스포티파이 모바일 앱의 UI 디자인에서도 드러난다. 2019년 5월, 스포티파이는 일부 고객의 모바일 앱에서 팟캐스트 섹션을 대폭 강조하는 실험을 단행했다. 고객의 라이브러리 내 'Music'과 'Podcasts' 탭을 동일한 글자 크기와 레이어로 디자인하여 팟캐스트 카테고리의 지위를 음악 카테고리와 같은 수준으로 격상시킨 것이다.

또한, 스포티파이의 독보적인 음원 추천 서비스인 디스커버 위클리 Discover Weekly (음악 챕터에서 설명했듯이, 기계적인 추천 알고리즘과 음악 전문가의 직접 선별이라는 두 가지 방식을 결합하여 매주 사용자의 취향에 가장 근접한 음악을 추천해주는 서비스)를 담당하는 팀이 팟캐스트에도 같은 기능을 적용하기 위해 준비 중인 것으로 알려졌다. 이는 스포티파이가 음원 스트리밍 플랫폼이라는 한계를 넘어, 팟캐스트 콘텐츠까지 제공하는 거대한 '오디오 콘텐츠 플랫폼'으로 변모하고 있다는 확실한 신호다. 현재 스포티파이가 제공하고 있는 팟캐스트 카테고리는 총 13개인데, 이 가운데 특히 '범죄True Crime' 카테고리의 인기가 높다. 국내와는 달리 미국이나 영국에서는 살인, 실종 등 실제 강력범죄 사건 수사 사례를 공유하거나 미제사건을 패널들끼리 추리하는 내용의 팟캐스트들이 인기다. 실제로 2019년 11월 기준, 스포티파이 톱 3 인기 콘텐츠 중 2개가 모두 '범죄' 카테고리의 〈내가 가장 좋아하는 살인마My Favorite Murder〉, 〈크라임 정키Crime Junkie〉인

● 이제 스포티파이에서 뉴스도 들을 수 있다. 음악 외에 '들을 수 있는 모든 것'을 담겠다는 스포티파이

것으로 나타났다.

스포티파이는 순전히 사용자들이 팟캐스트 콘텐츠를 원하기 때문에 5억 달러라는 거금을 쏟아부은 것일까? 아니다. 음악보다 팟캐스트가 더 매출을 올리는 데 유리한 콘텐츠라고 판단했기 때문이다. 팟캐스트는 고객들의 체류 시간을 늘리는 데 있어 음악보다 더 효과적이다. 다니엘 에크는 팟캐스트 콘텐츠 사용자들은 음악만 듣는 사용자보다 2배 넘는 시간 동안 플랫폼에 머물며, 오히려 이들이 음악을 듣는 시간도 더 길다고 한다. 이는 스포티파이의 광고 사업에 긍정적인 신호다. 고객의 체류 시간이 늘어나면 광고 단가를 높일 수 있기 때문이다.

또한 팟캐스트는 음악보다 상대적으로 제작비가 저렴하다. 음원의 경우 대형 레이블 혹은 인기 아티스트의 저작권료가 워낙 높다 보니, 스포티파이는 매출의 70% 정도를 음원 저작권료로 지급하고 있다. 2008년에 론칭한 이후 단 한 번도 흑자를 낸 적이 없는 스포티파이로서는 수익성 개선을 위한 해결책이 필요했고, 이 답을 팟캐스트에서 찾은 것으로 보인다. 다만, 영상 콘텐츠가 뺏고 뺏기는 '독점 싸움'을 하고 있는 것과는 달리, 현재 팟캐스트 콘텐츠는 음악처럼 여러 플랫폼에서 대부분 비독점으로 제공된다. 그러나 향후에 스포티파이 같은 거대 플랫폼이 막대한 자금을 투입하여 오리지널 팟캐스트 콘텐츠를 본격적으로 제작하게 된다면, 일반 크리에이터들을 기반으로 성장해온 팟캐스트 시장에 변곡점이 될 것은 확실하다. 그리고 결국에는 현재의 영상 콘텐츠 시장이 그렇듯이 치열한 독점 콘텐츠 전쟁이 벌어질 수도 있을 것이다.

할리우드도 눈독 들이는
드라마틱 팟캐스트

팟캐스트에도 스토리텔링에 집중하는 드라마 장르가 있다는 것이 독자들에게는 생소할 것이다. 아쉽게도 한국에서는 2015년 팟빵이 제작한 국내 최초 드라마틱 팟캐스트* 〈악마의 게임〉 이후, 2016년과 2017년에 각각 1편씩 나온 것이 전부다. 이는 〈나는 꼼수다〉를 시작으로 정치·사회 분야의 콘텐츠가 국내의 팟캐스트 문화를 견인해 온 것과도 관련이 있는데, 사회 이슈에 대한 토크 중심의 콘텐츠가 성공 포맷으로 굳어지면서 너도나도 비슷한 형태의 콘텐츠를 제작하게 된 것이다. 또한 드라마틱 콘텐츠가 성장하기 위해서는 콘텐츠 IP의 확장성이 뒷받침되어야 하는데, 국내에서는 웹툰이나 웹 소설이 TV드라마로 확장되기에 훨씬 용이한 환경이다. 웹 소설을 원작으로 한 드라마 〈김비서가 왜 그럴까〉부터 네이버 웹툰 〈쌉니다 천리마마트〉를 원작으로 제작된 동명의 tvN 드라마까지, 여러 성공 사례들이 있기에 현재 국내의 TV 드라마 시장이 러브콜을 보내는 곳은 웹툰 및 웹 소설 콘텐츠다. 이러한 이유들 때문에 아직 국내에서 드라마틱 팟캐스트가 주목받기는 어려운 상황이다.

● 팟캐스트로 듣는 드라마. 팟빵과 미국 원더리의 제휴로 국내에 소개된 〈닥터데스〉

그런데 2019년 8월, 팟빵이 20세기 폭스의 투자로 설립된 미국의 팟캐스트 방송 제작사 원더리Wondery와 독점 제휴하여 드라마틱 팟캐스트 〈닥터데스〉 한국어 버전을 출시하면서 다시 한번 드라마틱 팟캐스트에 도전장을 내밀었다. 한 의사가 수술을 통해 33명의 환자를 살해한 실화를 바탕으로 재구성한 이 의학 스릴러물을 시작으로 팟빵과 원더리는 향후 2~3개 콘텐츠를 추가 발표할 예정이다.

팟빵의 이러한 행보는 국내 팟캐스트 플랫폼 경쟁이 심화되어 가고 있는 와중에 차별성을 확보하기 위해서다. 거의 모든 국내 팟캐스트 콘텐츠를 보유하고 있는, 팟캐스트계의 '포털 서비스'나 다름없는 팟빵을 네이버의 오디오클립이 무서운 속도로 추격하고 있기 때문이다. 유명인을 앞세운 방송과 오디오북 콘텐츠에 특화된 오디오클립은 2019년 8월 기준 월간 순 사용자 수가 26만 명(코리안클릭 데이터 제공)

으로 1년 동안 187%나 성장하였다. 반면 팟빵의 월간 순 사용자 수는 80만 명으로 훨씬 압도적이지만, 최근 1년간 성장이 정체된 상황이기에 드라마틱 팟캐스트를 통해 성장의 모멘텀을 만들고자 하는 것으로 보인다.

〈닥터데스〉를 만든 미국의 경우, 이미 드라마틱 팟캐스트 제작이 활발하게 이루어지고 있으며 최근에는 드라마틱 팟캐스트가 영화나 TV시리즈로 다시 제작되는 경우도 많다. 할리우드가 팟캐스트 콘텐츠에 관심을 갖는 이유는 두 가지다. 팟캐스트 시장에서 이미 성과가 증명된 콘텐츠이기 때문에 안정적인 팬 기반을 갖추고 있다는 점 그리고 드라마틱 팟캐스트 콘텐츠 자체가 마치 대본을 녹음한 것과 비슷하여 TV시리즈로 제작하기에도 수월하다는 점 때문이다.

드라마틱 팟캐스트의 TV시리즈 제작에 가장 적극적인 곳은 유니버설 케이블 프로덕션Universal Cable Productions(이하 UCP)다. UCP는 NBC유니버설이 보유한 TV 프로그램 제작사다. 원래 도서 콘텐츠 IP 확보에 주력해왔으나, 최근 행보를 보면 팟캐스트 콘텐츠를 전략적으로 확보해야 하는 핵심 IP로 인식하고 있는 듯하다. 이렇게 확보한 드라마틱 팟캐스트 IP를 TV시리즈로 제작한 대표적인 사례가 아마존 프라임에서 방영된 〈홈커밍〉이다. 파병을 마친 군인의 민간 생활 적응을 도와주는 센터의 이야기를 다룬 〈홈커밍〉은 시즌 1을 방영하기도 전에 시즌 2를 확정했다. 줄리아 로버츠가 첫 TV시리즈 출연작으로 이 작품을 선택한 것만으로 큰 화제를 모았으며, 제76회 골든 글로브에서 주요 부문 후보로 오르기도 했다.

● 드라마틱 팟캐스트가 원작인 TV드라마 시리즈 〈홈커밍〉. 줄리아 로버츠 주연으로 화제를 모은 이 드라마는 아마존 프라임에서 방영되었다.

이처럼 팟캐스트 콘텐츠를 각색한 TV시리즈의 성공 사례들이 등장하며, 할리우드 제작사들이 팟캐스트 콘텐츠 IP 확보를 위해 들이는 비용도 증가하고 있다. 스포티파이가 팟캐스트 관련 기업들을 잇따라 인수하고 있는 것처럼, 메이저 할리우드 스튜디오들이 팟캐스트 제작사들의 인수에 뛰어드는 것은 시간 문제다.

한편 TV프로그램 제작사가 직접 드라마틱 팟캐스트를 제작하겠다고 나선 경우도 있다. 2018년 11월, 〈아메리칸 아이돌〉의 제작사로 유명한 영국의 프리맨틀Fremantle은 스타트업 팟캐스트 제작사 스토리글래스Storyglass를 출범했다. 스토리글래스는 출범과 동시에 두 개의 프로젝트(코믹 살인 미스터리 장르의 〈디렉터스컷〉과 노숙자 이야기를 다룬 〈얘야, 밖은 춥단다〉)를 공개했으며, 2019년 5월에는 코미디 시리즈인 〈누가 비비안 스톤을 폭발시켰는가?〉를 비롯해, 〈맥스 & 이반〉, 〈더 해로윙〉 등을 방송했다. 이로써 방송과 팟캐스트 제작 역량을 모두 갖춘 프리맨틀은 궁극적으로 제작한 드라마틱 팟캐스트를 다시 TV시리즈로 만들 것으로 보인다. 스토리글래스의 디지털 콘텐츠 총괄 감독인 로버트 델라미어 역시 인터뷰를 통해 "가능성 있는 드라마틱 팟캐스트를 드라마나 영화로 성장시킬 방법을 모색할 생각이다"라고 밝혔다. 짧게는 1년에서 길게는 10년까지도 걸리는 드라마에 비해 상대적으로 제작 기간이 짧은 팟캐스트 콘텐츠를 앞으로 스토리글래스가 얼마나 많이 제작할지, 그중 어떤 콘텐츠가 TV시리즈로 제작될지는 지켜볼 만한 대목이다.

이렇듯 전통적인 미디어 제작사들이 팟캐스트 콘텐츠에 눈독을 들이고 있는 현상은 넷플릭스나 아마존, 디즈니 같은 글로벌 OTT 기업들이 공격적으로 독점 콘텐츠에 투자하는 등 IP 확보 전쟁을 치르고 있는 것과 관련이 있다. 막대한 자금력을 가진 OTT 공룡들과 싸우기에는 힘에 부치기 때문에, 팟캐스트로 인기가 검증된 콘텐츠를 (혹은 제작비가 저렴한 팟캐스트를 직접 제작하여 검증을 거친 후에) 영상으로 제작하여 효율성을 추구하고 있는 것이다. 그리고 팟캐스트 진영에서도 이러한 시장 흐름에 맞추어 영상 제작 부문을 신설하고 있다. 이제 막 주류 미디어로 발돋움한 팟캐스트가 할리우드 진출을 시작한 것처럼, 국내에서도 충무로가 관심 가질 만한 드라마틱 팟캐스트가 하루빨리 등장하길 기대해본다.

'루미나리'가 쏘아 올린 작은 공, 독점 콘텐츠 전쟁의 시작

음악 스트리밍계의 넷플릭스, 게임 스트리밍계의 넷플릭스 등 '○ ○ 의 넷플릭스'라는 표현이 이제는 정말이지 식상할 테지만, '팟캐스트의 넷플릭스'도 짚고 넘어가 보려 한다. 이제 막 서비스를 시작한 월정액 팟캐스트 서비스 루미나리Luminary가 그것이다. 2018년에 설립한 루미나리 미디어는 2019년 4월에 루미나리를 론칭하기도 전에 이미 1억 달러1,200억원 투자 유치에 성공해 유명세를 떨쳤다. 기존의 팟캐스트 서비스들이 대부분 무료로 서비스를 시작한 것과 달리 루미나리는 7.99달러의 월정액 상품에 가입하면 독점 프리미엄 콘텐츠를 광고 없이 마음껏 청취할 수 있다고 당당히 말한다.

팟캐스트 제작자들은 루미나리에만 독점으로 콘텐츠를 제공하는 대가로 사전에 상당한 계약금을 받고, 해당 콘텐츠가 일정 수준 이상

세계 최초의 팟캐스트 뮤지컬 〈앤썸 : 호문쿨루스〉. 월정액 팟캐스트 서비스, 루미나리에서만 독점으로 공개된다.

의 청취자 수를 확보하면 추가적인 보상도 받을 수 있는 것으로 알려졌다. 안정적인 수익을 기반으로 제작자가 더 창의적이고 다양한 콘텐츠를 만들어낼 수 있으리라는 기대를 하게 한다. 기존의 수익 모델에서 콘텐츠 제작자들은 수익을 위해 어쩔 수 없이 청취자가 많이 몰리는 콘텐츠와 비슷한 포맷을 따라갈 수밖에 없었기 때문이다. 유료 구독 서비스라는 점 그리고 이를 통해 제작자들에게 안정적인 수익을 보장한다는 점에서 루미나리는 여러모로 넷플릭스와 비슷하다. 넷플릭스가 기존의 전통적인 방송 매체보다 안정적인 수익과 자유를 제작자들에게 보장하며 콘텐츠 혁신을 이끌고 있듯이, 지금의 루미나리 역시 팟캐스트 콘텐츠 제작 영역에서 새로운 바람을 불러일으키고 있다.

루미나리의 대표적인 독점 팟캐스트 콘텐츠는 뮤지컬 장르의 〈앤

썸: 호문쿨루스_{Anthem:Homunculus}〉다. 스테디셀러 뮤지컬 〈헤드윅〉의 원작자 존 캐머런 미첼이 작곡가 브라이언 웰러와 함께 만든 이 뮤지컬 팟캐스트에는 〈헤드윅〉의 속편을 염두에 두고 쓴 곡들도 수록되어 있으며, 글렌 클로스, 마리옹 코티야르 등 토니 상 수상 경력이 있는 여섯 명의 스타가 출연한다. 뇌 종양을 앓고 있는 주인공이 수술할 돈을 마련하기 위해 모금 방송을 진행하면서 사람들의 기부를 기다리는 동안, 음악을 통해 자신의 인생을 회상한다는 줄거리인데, 새로운 음악 31곡이 에피소드 10개에 나뉘어 공개되었다. (5주간 매주 2회씩 공개되었으며, 3회까지는 무료로 들을 수 있다.)

루마나리가 여타 팟캐스트 서비스들과 다른 점은 이처럼 처음부터 독점 콘텐츠를 확보했다는 데 있다. 현재 대부분의 팟캐스트 서비스들은 음악 스트리밍 서비스와 마찬가지로 플랫폼 간에 큰 차이가 없지만, 루마나리는 독점 콘텐츠 확보를 통한 콘텐츠 차별화 전쟁을 선포한 것이다. 양질의 콘텐츠를 확보하기 위해서는 제작자들에게 유의미한 수익 보장이 필수적인데, 루마나리는 이를 보증하며 콘텐츠 제작자와 플랫폼 간 선순환 고리를 구축했다. 이처럼 독점 콘텐츠 확보는 이제 팟캐스트 시장에서도 경쟁 우위를 점하기 위한 가장 큰 무기로 떠오르고 있다. 국내의 경우도 팟빵은 콘텐츠 독점화를 수년간 주요한 사업방향으로 추진하며, 메인 프로그램인 〈정영진, 최욱의 매불쇼〉를 비롯하여 약 60여 개의 방송이 팟빵에서만 독점 송출되고 있다. 국내외를 막론하고 최근 팟캐스트 시장 경쟁이 심화된 상황으로 볼 때, 플랫폼마다 차별화를 위해 독점 콘텐츠 확보는 선택이 아닌 필수처럼 보인다. 그렇기 때문에 스포티파이도 거액을 들여 김렛 미디어를 인수한 것이고, UCP도 팟캐스트 IP 확보에 공을 들이고 있는 것이다.

루미나리의 CEO 맷 색스는 "넷플릭스가 동영상 스트리밍의 대명사가 된 것처럼, 루미나리도 팟캐스트의 동의어가 되기를 바랍니다"라고 당찬 포부를 밝혔다. 론칭한 지 채 1년도 되지 않은 신생 팟캐스트 플랫폼 루미나리가 쏘아 올린 '독점 콘텐츠'라는 작은 공이 전체 팟캐스트 시장에 어떤 결과를 가져올지 다음 1년이 더 궁금해진다.

기술의 진화, 콘텐츠를 연결하고 재창조하다

실감 미디어 Immersive Media

2차원의 시각 정보를 최대한 실제와 근접하게 재현하고자 하는 차세대 미디어. 현재의 미디어보다 월등히 나은 표현력과 선명함, 현실감으로 방송, 영화, 게임 등 엔터테인먼트뿐 아니라 컴퓨터그래픽, 디스플레이 등에서도 활용된다.

HMD Head Mounted Display

가상현실과 증강현실 구현을 위한 하드웨어로, 머리 부분에 착용하는 디스플레이 장치를 말한다. HMD를 착용하면 눈앞에서 바로 화면이 펼쳐진다.

미디어 커머스 Media Commerce

콘텐츠에 상품을 단순 노출시키는 PPL을 넘어 제품 기획과 개발, 콜라보레이션까지 콘텐츠와 연계한 커머스 전략. 최근 유튜브, 인스타그램 등에서 콘텐츠를 활용해 고객에게 큐레이션하는 이커머스 유통 방식이 확산되고 있으나, 이는 미디어 커머스의 최근 사례일 뿐이며, 현재까지 명확한 비즈니스 모델이 정립된 것은 아니다.

규제 샌드박스 Regulatory Sandbox

법적 규제나 제약이 마련되지 않은 신사업이 빠르게 발전할 수 있도록 예외사항을 적용해 규제를 일정 기간 면제 또는 유예해주는 특례

8K

해상도가 3,300만 화소(7,680×4,320)에 달하는 OLED 디스플레이다. 가로 해상도가 8,000픽셀에 가까워 '8K(K=1,000)'라고 하며, 기존의 UHD급 화질보다 약 4배 가까이 더 선명하기 때문에 초대형·초고해상도 구현이 가능하다.

영상 스티칭 Video Stitching

360도 영상 제작 시 활용하는 기술. 같은 시간, 같은 공간에서 다양한 각도로 찍은 여러 개의 카메라 영상을 하나의 영상으로 완성하는 기술이다.

콘텐츠 진화의
필요충분조건, 기술

현재 첨단 기술을 등에 업고 본격적으로 경쟁 중인 콘텐츠들은, 이를 기반으로 더욱 진화하고 있다. 이러한 기술 기반 콘텐츠Tech Driven Contents 를 대표하는 것 중 하나가 실감 미디어Immersive Media*다. 시공간의 제약 없이 사용자의 몰입감과 현장감을 극대화하여 실제로 체험하는 듯한 느낌을 주는 미디어를 말한다. 사실 실감 미디어가 최근에 등장한 것 은 아니다. 2009년 세계적으로 큰 성공을 거둔 3D 영화 〈아바타〉와 2010년 남아공월드컵의 실시간 입체방송을 계기로 당시 관련 업계의 핵심 이슈로 부상하였으나, 기술 구현의 제한적 환경과 3D 입체 안경 착용의 번거로움 등으로 대중화에 큰 어려움을 겪었다. 그러나 최근 들어 실감 미디어는 5G 통신 네트워크라는 기술 혁신과 더불어 재조 명을 받고 있다.

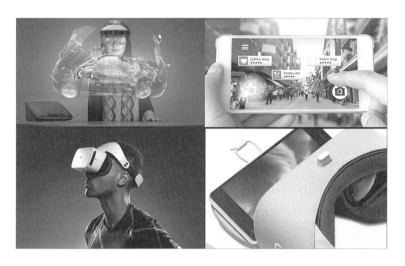

● 스마트글래스 형태의 AR HMD, 모바일 AR, 모바일 VR, VR HMD(왼쪽 위부터 시계 방향)

실감 미디어를 구현할 수 있는 대표적인 기술이 바로 AR과 VR이다. 증강현실이라 불리는 AR^{Augmented Reality}을 쉽게 설명하자면, 현실 세계에 가상의 사물·텍스트·비디오 등을 겹쳐 보이게 하여 실제 공간과 상황에 대한 정보를 제공하는 기술이다. 이것은 우리가 익히 알고 있는 스마트글래스 같은 AR HMD*를 통해 구현되며, 모바일 AR 시청과 같이 스마트폰 디바이스만으로도 구현이 가능하다.

VR^{Virtual Reality}은 컴퓨터 모델링을 통해 가상의 TPO^{Time, Place, Occasion}를 구축하여, 사용자가 가상의 콘텐츠를 실제처럼 체감할 수 있게 한다. 이러한 VR 콘텐츠는 VR HMD나 스마트폰과 결합된 형태의 모바일 VR 디바이스를 통해 볼 수 있다.

시장 조사 업체 디지털 캐피털^{Digital Capital}은 2022년 글로벌 AR·VR

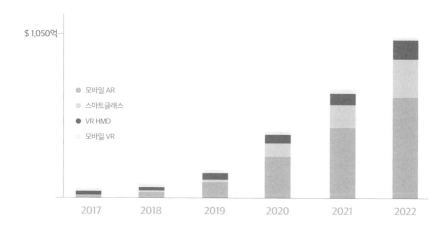

〈AR · VR 시장 규모 추정〉

출처: 2018년, Digital Capital

시장이 1,050억 달러119조 원 규모로 성장할 것으로 예측했으며, 그중 AR 관련 시장이 900억 달러로 VR 시장보다 6배 이상 클 것으로 전망했다. 사용자의 시야 전체를 영상으로 채워야 하는 VR보다, 실제를 기반으로 가상의 요소를 추가하는 AR의 활용도가 실생활에서 훨씬 높기 때문이다. 디바이스의 제약이 없고 다양한 콘텐츠를 실어 나를 수 있는 모바일 AR이 시장에서 가장 크게 성장할 것으로 전망되었고, 성장 규모는 스마트글래스, VR HMD, 모바일 VR 순으로 예측되었다.

기술 기반의 콘텐츠 영역에서 주목할 만한 다른 기술이 또 있다면 바로 AI다. 미디어 사용자의 모든 행동 데이터가 측정되고 이를 분석할 수 있는 환경이 갖춰지면서 AI 기술 또한 급격히 발전했다. 현재 AI는 콘텐츠에 가치를 더하고, 콘텐츠를 직접 만들고, 서로 다른 콘텐츠를 연결하는 등 다양한 방식으로 우리 일상에 스며들며 그 존재감을 드러내는 중이다.

이러한 기술의 진일보는 필연적으로 콘텐츠의 진화를 가져오는데, 콘텐츠와 융합되면서 기술 또한 한 단계 더 진화할 것이다. 이것이 바로 콘텐츠 산업의 앞날을 예측할 때 기술의 진화 방향 또한 예의 주시해야 하는 이유다. 이제 이러한 기술에 따른 콘텐츠의 변화 방향성을 구체적인 사례와 함께 꼼꼼히 짚어보자.

내 주변이 콘텐츠가 된다, 증강현실AR

잘 알려진 대로, 구글의 사내 벤처에서 독립한 나이앤틱랩스Niantic Labs는 호주와 뉴질랜드를 시작으로 위치 기반 AR 기술이 접목된 포켓몬 GO를 출시했고, 이는 큰 인기를 얻으며 시장의 주목을 받았다. 시장 조사 업체 센서타워에 따르면 포켓몬 GO는 출시 이후 2개월만에 5억 다운로드를 기록했으며, 2019년 1분기까지의 전 세계 누적 매출이 25억 달러3조 원를 넘는 등 그 인기를 가늠할 수 없을 정도였다.

나이앤틱랩스는 포켓몬 GO를 통해 쌓아온 경험치를 토대로 2018년 6월, 리얼월드 플랫폼Real World Platform 계획을 발표하였다. 리얼월드 플랫폼이란 현실 세계 속 피사체의 종류와 위치, 특성을 분석하여 AR 콘텐츠에 적용하는 기술이다. 이 기술을 적용하면 AR 콘텐츠가 현실에 존재하는 피사체를 뚫고 지나가거나 공중에 떠 있거나 하는 부자연스

● 리얼월드 플랫폼 기술을 적용한 포켓몬 GO 플레이 장면

러운 장면이 드러나지 않을 수 있다. 나이앤틱랩스는 포켓몬 GO를 예시로 들며 이 기술을 설명했는데, 포켓몬 GO 게임에 리얼월드 플랫폼이 적용되면, AR 포켓몬이 실제 동물처럼 현실 세계의 사람이나 장애물을 이리저리 피해 다니는 수준으로 구현될 수 있다. 심지어 포켓몬이 놀이 기구 위에 스스로 올라가고, 사람에게 기대며 애교를 부리는 등 더욱 실감나는 콘텐츠를 제공할 수 있다. 현시점에서는 몇몇 파트너를 한정하여 개발을 진행하는 단계지만, 개발이 완성되는 것에 따라 향후에 기술을 개방하는 것도 검토 중이다. 개방 후 다양한 사업자가 계획에 참여할 수 있게 되면, 집단 지성의 힘과 규모를 통해서 아직 여명기에 있는 AR 기술을 한 단계 더 끌어올릴 수 있을 것으로 보인다.

이외에도 새로운 방식의 AR 콘텐츠가 속속 등장하고 있다. 전설적인 게임인 팩맨과 철권 시리즈를 출시했던 일본의 반다이 남코^{Bandai}

● 아이들의 신체 균형 감각을 도와주는 AR 게임기, 토리를 이용하는 모습

Namco가 이번에는 프랑스의 AR 기술 회사 ISKN과 파트너십을 체결해 오프라인에서 즐기던 장난감 놀이와 디지털 게임 방식을 융합한 콘텐츠인 토리[Tori] 서비스를 2019년 10월 출시했다. 아동 학습 발달 전문가들의 설계를 바탕으로 제작된 이 콘텐츠는 6세에서 12세 사이의 어린이들이 쉽고 재미있는 게임을 통해 문제 해결 능력과 집중력을 기를 수 있도록 기획되었다. AR 기술인 미러플레이[Mirror Play]를 활용한 토리 콘텐츠는 오프라인의 토리 보드 위에서 지팡이, 투석기, 우주선과 같은 장난감을 움직이며, 디지털 게임 속 미션을 해결하는 방식으로 진행된다. 현재 토리에서 제공하는 콘텐츠는 4가지 정도(지팡이 게임 2가지, 투석기 1, 우주선 1)로 많지 않으나, 지속적으로 장난감과 게임 IP를 추가 개발하여 콘텐츠를 확대해나갈 예정이다.

AR에 기반한 미디어커머스의 성장

VR보다 실생활에서 활용도가 높은 AR은 최근 미디어 커머스[Media Commerce]에 적용되며 기술 기반 콘텐츠로도 진화하고 있다. 온라인을 통한 구매가 지속적으로 늘어나고 있지만 특히 옷이나 화장품의 경우 나와 얼마나 잘 어울리는지 직접 이용해볼 수 없다는 단점이 여전히 존재한다. 이러한 온라인 쇼핑의 단점을 극복하기 위해 패션, 뷰티 업계 등은 AR을 활용하여 오프라인 경험을 대체할 만한 가상 피팅, 가상 메이크업 서비스를 도입해 고객들의 구매 의향을 향상시키고자 노력중이다.

글로벌 1위 화장품기업인 로레알은 업계에서 최초로 2014년 6월 '메이크업 지니어스'라는 앱을 출시했다. 이 앱은 스마트폰으로 찍은 셀카 위에 로레알의 다양한 색조 화장품을 선택해 가상으로 화장할 수 있는 기능을 제공하며, 사용해본 제품이 마음에 들면 바로 구매할 수 있도록 했다. 이러한 신개념의 서비스 도입과 온라인 시장의 확장에 힘입어, 로레알의 온라인 채널 매출 성장률은 2017년 33.6%, 2018년 40.6%로 가파른 상승세를 보였다. 이렇듯, 온라인 채널을 중심으로 소비가 집중되고 있는 상황에서, 로레알은 2018년 3월, 안면인식 기술의 대표 스타트업인 모디페이스ModiFace도 인수하는 등, AR을 단순히 새로운 '경험' 제공 차원이 아닌, 성장 동력으로 여기고 집중적으로 강화하는 모양새다.

국내 뷰티 업계도 AR 도입에 적극적이다. 국내 뷰티 대표 기업인 아모레퍼시픽은 2018년 3월 삼성전자와 협업하여 가상 메이크업 시뮬레이션 서비스를 선보였다. 삼성전자의 인공지능 플랫폼인 빅스비Bixby 비전의 메이크업 모드에는 아모레퍼시픽의 900여 개 이상의 제품을 가상으로 사용해볼 수 있는 서비스가 기본 기능으로 탑재되어 있는데,

사용자는 이를 이용해 스마트폰 카메라에 얼굴을 인식시켜 다양한 제품을 활용한 가상 메이크업을 해볼 수 있으며, 체험 과정에서 마음에 드는 제품은 바로 구매도 가능하다. 또한 아모레퍼시픽은 립스틱 검색 모바일 앱인 '컬러테일러'도 운영 중이다. 이 앱을 통해 사용자가 립 제품을 촬영하면 딥러닝 기술을 이용해 가장 비슷한 컬러와 질감의 립스틱을 제안해준다. 그리고 매칭한 제품을 클릭하면 구매 가능한 사이트나 오프라인 매장을 안내한다.

2019년 6월, 유튜브는 AR을 통해 메이크업을 가상 체험해볼 수 있는 AR 뷰티 트라이온Beauty Try-On이라는 서비스를 선보이면서 뷰티 AR 전쟁에 참여했다. 글로벌 뷰티 브랜드 MAC코스메틱과 제휴하여 8월에

● AR기술을 적용한 미디어 커머스는 화장품 업계를 중심으로 빠르게 성장하고 있다.

🔘 인스타그램의 가상피팅 기능을 이용한 선글래스 착용 체험 예시

미국에서 최초로 AR 광고 캠페인 콘텐츠를 공개한 이후, 10월에는 전 세계에서 두 번째이자, 아시아 최초로 한국에서 구독자 120만 명을 보유한 유명 뷰티 유튜버 조효진과 캠페인을 진행했다. AR 뷰티 트라이온 기술이 적용된 광고 캠페인 콘텐츠를 재생하면 뷰티 크리에이터가 메이크업을 하는 도중, 영상 하단에 '트라이온Try On' 버튼이 활성화되는데 이를 클릭하면 스마트폰의 전면 카메라를 통해 다양한 컬러의 립스틱을 바른 내 얼굴을 볼 수 있다. 제품이 마음에 든다면 화면에 노출된 링크를 통해 구매할 수도 있다.

패션 업계에서도 AR을 활용한 가상피팅Virtual Fitting 기능을 도입 중이다. 이탈리아 명품 브랜드인 구찌는 2019년 6월, 테크 스타트업 회사인 워너비Wannaby와 공동으로 제작한 자사 앱을 통해 스니커즈 제품을 가상으로 착용해볼 수 있는 서비스를 공개했다. 이용하는 방법은 간단하다. 앱을 이용해 스마트폰 카메라로 발을 촬영하면 원하는 스니커즈를 가상으로 착용해볼 수 있으며, 내 발의 움직임까지 인지하여 다양한 각도에서 신발을 신은 모습을 실감나게 보여준다.

2019년 3월, 앱 결제 기능을 도입하는 등 커머스 기능을 강화하고 있는 인스타그램 또한 최근 AR 가상피팅 기능을 도입했다. 2019년 10월, 인스타그램은 기업 계정에서 직접 제품을 판매할 수 있도록 돕는 '인스타그램 쇼핑' 서비스에 이 기능을 추가해 사용자들이 제품을 장바구니에 추가하기 전에 AR 필터를 사용하여 제품을 가상으로 피팅할 수 있게 했다. (앱 결제, AR가상피팅 기능은 아직 국내에서 제공되지는 않고 있다.) 현재 기능 적용 초기라, 화장품 브랜드인 MAC코스메틱과 나스NARS, 안경, 선글라스 브랜드인 와비파커Warby Parker, 레이밴Ray-Ban 등 일부 브랜드에서만 한정적으로 적용되었지만, 인스타그램 주 이용자층을 타깃팅할 수 있는 트렌디한 브랜드들을 중심으로 빠르게 확산될 것으로 보인다. 이렇듯 AR 콘텐츠가 커머스와 결합한 형태는 소비자에게 새로운 구매 경험을 제공하며, 편리한 쇼핑 문화를 만들어갈 것으로 예상된다.

다시 높아지는 '스마트글래스'에 대한 기대

AR 콘텐츠의 중장기적 미래라 할 수 있는 스마트글래스 시장은 지난 2012년 구글 글래스가 공개되면서 기존 HMD의 한계를 벗어나 혁신적인 디바이스 시대를 여는 듯했지만, 1,500달러약180만 원라는 높은 가격과 사생활 침해, 보안 등의 문제를 극복하지 못한 채 결국 2015년 초에 판매를 전격 중단했다. 이후 다양한 사업자들이 스마트글래스 시장에 진입했으나, 통신 속도와 하드웨어 성능이 AR 콘텐츠를 구현하기에는 부족했다. 스마트글래스는 그동안 의료, 제조업 등에서 산업용으로 제한적으로 사용되며 그 실용성 측면에서 많은 숙제를 남겼다.

하지만 최근 신사업 육성을 위한 규제 샌드박스® 도입의 적극적인 논의와 하드웨어 기술의 진화, 5G 상용화로 인한 통신 속도의 향상 등 갖가지 변화로 스마트글래스 시장이 다시 들썩이고 있다. 선두 주자인 구글과 애플이 잠시 주춤한 사이에 스타트업을 포함한 후발 주자들이 특허와 기술을 앞세워 업계를 이끄는 모양새다. 고해상도 카메라와 AI 기반의 영상 보정 소프트웨어 같은 광학 기술은 AR 콘텐츠의 품질을 크게 높였으며 대용량 데이터를 지연 시간 없이 주고받는 5G를 활용할 경우, AR 콘텐츠를 실시간으로 전송할 수 있다. 한편 스마트글래스 대중화의 장애 요인으로 꼽히는 부피와 무게 문제는 향후에 클라우드가 컴퓨팅 파워와 연산을 담당하고, 그 결과만 전송하는 형태로 일부 해결할 수 있을 것으로 보인다. AR 콘텐츠의 진화가 더욱 기대되는 대목이다.

이러한 트렌드에 힘입어 최근 애플마저도 다시 AR에 주목하고 있다. 팀 쿡 애플 CEO는 "이제 매일 밥을 먹듯 AR 콘텐츠를 경험하게 될 것이다"라며 AR 시장의 미래를 강조한 바 있다. 실제로 2018년에 애플은 AR 렌즈 스타트업 회사 아코니아 홀로그래픽스Akonia Holographics를 인수했고, AR 개발 솔루션인 AR키트ARkit에도 투자했다. 업계 전문가들은 이르면 2020년 애플이 독자적으로 스마트글래스를 출시할 것이라 예측하고 있다.

2019년 초에 방영되었던 tvN 드라마 〈알함브라 궁전의 추억〉도 본격적으로 AR 게임을 소재로 다뤘다. 스타 배우들의 캐스팅이나 남자 주인공의 '츤데레' 말투, 기타 연주 장면 등도 화제였지만, 무엇보다 드라마 내내 등장하는 생소한 AR 기술들이 시청자들의 시선을 강하게 끌었다. 〈알함브라 궁전의 추억〉에서 현빈이 연기하는 남자 주인공은 통제할 수 없는 불가사의한 실체 속에서 다양한 상황들에 직면한다. 미래형 AR 디바이스가 될 스마트렌즈를 통해 구현된, 현실 공간을 기반으로 한 증강현실 세상이 그 배경이다. 물론 드라마에 등장한 AR 기술들이 실현되기 위해서는 산적한 기술적인 과제를 해결해야 할 뿐만 아니라 규제나 법 제도에 대한 사회적 합의도 필요하다. 현실의 공간 정보를 활용하는 AR 콘텐츠는 이를 처리하는 과정에서 필연적으로 개인 정보 침해 같은 문제를 비롯해 다양한 법적 장애 요인이 생길 것이다. AR 콘텐츠 산업의 활성화를 위해 관련 법의 제정 역시 필요한 시점이다.

VR 콘텐츠,
이번엔 뜰 것인가

VR만큼 기대와 오해를 동시에 불러일으키는 기술은 없는 것 같다. 콘텐츠 진화를 위한 미래 기술로 불리는 AR과 AI의 가능성에 의문을 제기하는 사람은 없지만, VR 기술에 있어서는 전문가들도 천차만별의 반응이다. "새로운 세계를 경험하게 해준다"부터 "생각만큼 리얼하지 않으며 보기에도 불편하다"까지 온도 차가 크다. 이러한 이유는 우선 사용자마다 기준이 다르기 때문이다. VR은 콘텐츠를 체험하는 사람의 연령과 성향에 따라 다른 느낌을 준다. 가상현실은 어리거나 감각이 무딘 사람에게는 실재를 뛰어넘는 새로운 세계지만, 감각이 예민하거나 새로운 디지털 기기가 익숙하지 않은 사람에게는 어지러움과 멀미만 유발한다. 이러한 증상은 눈으로 보이는 것과 물리적 상황 간의 불일치에서 오는 현상이라, 멀미약을 먹어도 해결되지는 않는다. 이런 경험을 한 사람이라면 향후에 기술 발전으로 인지 부조화 현상이 사라진다 해도 VR에 대한 선입견을 가질 확률이 높다.

그러나 이런 불편함을 논외로 한다면, VR의 활용 범위는 무궁무진하다. 게임·방송·스포츠·성인물 등 많은 분야의 콘텐츠에 접목될 수 있어, 콘텐츠별로 발전 가능성을 다르게 봐야 한다. VR은 3인칭 시점에서 '시청'하는 기존 콘텐츠들과는 달리 콘텐츠 안에서 '체감'하는 1인칭 시점의 시청 형태다. 이 특성과 가장 잘 어울리는 장르가 바로 게임이다. 사용자의 의지에 따라 시공간을 자유롭게 오가는 장점을 충실히 활용할 수 있으며, 특히 콘솔 게임의 경우 별도의 컨트롤러를 추가로 조작해 스스로를 이동시키거나, 컨트롤러를 휘두르는 동작으로 새로운 사용자 경험을 만들어낼 수도 있다. 물론 아직까지는 VR 게임의 영향력은 미지수다. 2018년 등장한 VR 체험방은 PC방을 위협하며 급성장할 것이란 전망이 많았는데, 실상 뚜껑을 열어보니 기대에 미치지 못했다. VR 체험방은 낮은 재방문율을 보였는데, 이는 비싼 이용료뿐만 아니라 온라인 게임 부흥의 주역인 스타크래프트나, AR 서비스의 주역인 포켓몬 GO 같은 킬러 콘텐츠가 동반되지 않았기 때문이다.

VR방송과 스포츠 중계

최근 방송 분야에서도 VR을 활용한 콘텐츠를 실험적으로 늘리고 있는 추세다. 그 중심에 있는 기술이 360도 VR인데, 여러 대의 특수 카메라로 피사체를 모든 방향에서 부분적으로 겹치게 촬영하는 영상 스티칭˚ 기술을 사용해 하나의 영상으로 통합하는 것이다. 다소 생소하게 들리겠으나, 일반적으로 스마트폰 카메라에서 찍을 수 있는 파노라마 영상을 떠올리면 이해하기 쉽다.

방송 사업자들은 이러한 360도 VR 기술을 저널리즘, 다큐멘터리, 예능 등 다양한 콘텐츠에 적용하고 있다. 영국의 대표 방송사 BBC가 조사한 결과에 따르면, 가장 효과적으로 실감 미디어 기술을 적용할 수 있는 방송 콘텐츠는 저널리즘이다. VR을 활용하면 기존의 기사나 영상 뉴스보다도 주제를 실감 나게 전달할 수 있기 때문이다. BBC는 이러한 가상현실 저널리즘에 주목해, 2017년 9월에 'BBC 리얼리티 랩Reality Labs'이라는 별도의 R&D 조직을 신설하고 다양한 형태의 360도 VR 뉴스를 실험했는데, 대표적인 콘텐츠가 바로 시리아 난민 문제를 다룬 〈위 웨이트We Wait〉다. 목숨을 건 항해를 통해 시리아 탈출에 성공한 난민들의 인터뷰 내용을 기반으로 만든 〈위 웨이트〉는 실제 상황에 대한 몰입감으로 난민들이 느끼는 막막함, 고립감, 두려움 등의 감정을 시청자가 고스란히 체험해볼 수 있게 했다.

국내 방송사들도 VR 저널리즘의 잠재력을 인정하며 실제 현장의 모습을 생생하게 전하기 위한 시도를 해왔다. KBS는 VR 저널리즘을 위한 코너를 별도로 만들어서 KBS WORLD 홈페이지를 통해 선보이고 있으며, 방송에서 보여주지 못한 다양한 뉴스 현장의 소식을 360도 영상으로 전하고 있다. 또한 KBS는 여의도 본관에 국내 최초의 'K-Star VR'이라는 실감 미디어 테마파크 공간을 마련하여 〈전설의 고향〉, 〈구르미 그린 달빛〉, 〈태양의 후예〉, 〈1박 2일〉 등 인기 있는 한류 콘텐츠로 'VR 콘텐츠 존'을 구성했다. 이 공간은 기존 VR 체험방과는 다르게 킬러 콘텐츠를 VR 게임으로 제작해, 스타의 팬덤뿐 아니라 게임을 즐기는 아이들, 데이트 코스를 찾는 연인들에게도 인기가 높다. 드라마 〈구르미 그린 달빛〉 존에서는 VR 사용자가 박보검이 되어 궁에 침입한 적을 물리치는 게임을 즐길 수 있으며, 드라마 〈태양의 후예〉 존에서는 험지로 의료진을 구하러 가는 송중기가 되어보는 등 직접 드라마의 주인공이 되는 경험을 할 수 있다.

스포츠 경기 중계 시장도 VR 도입에 적극적이다. 기존의 OTT 사업자뿐만 아니라 소셜 미디어, 이동통신사, 전통적인 콘텐츠 사업자들까지 시장에 뛰어들면서 경쟁이 점점 심해지다 보니, 기존의 중계 방식만으로는 스포츠 팬들의 환심을 사기 어려워진 사업자들이 경기 중계에 VR 기술을 접목하는 것에 주목하고 있다. VR 기술을 통해 스포츠 팬이라면 누구나 선호하는 '직관(직접 관람)' 수준의 다각도 시청 경험뿐만 아니라, 친구들과 함께 응원할 수 있는 '소셜 응원' 환경까지 제공할 수 있기 때문이다.

VR 스포츠를 선도하는 사업자라고 평가받는 인텔은 지난 평창 동계 올림픽에서 OBS Olympic Broadcasting Services 와 협력하여 개막식과 30여 경기를 VR로 생중계하는 등 올림픽 공식 VR 경험 제공 파트너(2024년까지)로서 활발한 활동을 보여주고 있지만, 아직 180도의 뷰를 제공하는 수준에 머물러 있다. 실제로 보면 VR을 활용했다뿐이지, 2D 화면에서 제공하는 멀티 앵글 방식 시청과 비교해봐도 딱히 더 나은 점은 없어 보인다.

반면, 폭스스포츠 Fox Sports 의 서비스는 이보다 진일보한 형태로 구현

● 폭스스포츠 VR 앱을 이용한 소셜 시청. 혼자가 아닌 여러 명이 같이 경기를 보는 느낌을 전한다.

되었다. 2017년 라이브라이크Livelike라는 스타트업에서 제작한 폭스스포츠 VR 앱은 같은 팀을 함께 응원할 수 있는 '소셜 시청' 기능을 추가하여 스포츠 팬덤의 주목을 한 몸에 받았다. 이 앱을 통하면 가상 현실 공간 안에 사용자와 아바타로 접속한 친구들이 함께 모여 서로 얘기를 나누며 신나게 경기를 관람할 수 있다. 소셜 시청 기능 외에도 마음대로 카메라 앵글을 바꿔가며 경기를 볼 수 있는 '360도 뷰' 또한 기본적으로 제공된다.

VR 콘텐츠가 활발히 공급되고 있는 분야가 하나 더 있다. 바로 성인 장르다. VR 콘텐츠가 주는 실재감과 외부의 방해를 받지 않고 감상이 가능한 VR HMD는 성인 장르에도 잘 어울린다. 미국의 벤처캐피털 리서치 회사인 루프벤처스의 2019년 4월 보고서에 따르면, 2025년 전 세계 VR 포르노 시장은 14억 달러^{1조 7천억 원} 규모로 성장할 것으로 전망되는데, 이는 루프벤처스가 불과 2년 전인 2017년에 예측한 것보다 15배나 커진 숫자다. 물론 국내는 규제로 인해 성인용 VR 콘텐츠 시장이 활성화되기 어렵지만, 포르노가 합법인 미국과 일본에서는 이전부터 VR 비디오, VR 마사지방 등 다양한 성인 콘텐츠가 생산되고 있다. 세계 최대 포르노 사이트 포르노허브^{PornHub} 보고서에 따르면 미국과 일본은 국가별 VR 포르노 트래픽 수에서 각각 1위와 4위에 올랐으며, 1위인 미국은 포르노허브에서 제공하는 VR 성인 콘텐츠 시청자 수가 하루 평균 50만 명에 이른다.

이처럼 VR 기술은 콘텐츠의 현장감과 몰입도를 높일 수 있는 유용한 기술이지만, 개선해야 할 부분들이 아직 남아 있다. 콘텐츠를 제작하는 입장에서는 시청자의 시선이 분산되어 창작자가 의도하는 주제나 스토리를 온전히 전달하는 데에 한계가 있으며, 시청자 입장에서는 VR HMD가 스마트글래스와는 달리 착용했을 때 외부의 정보를 완전히 차단하기 때문에 불편하다는 제약이 있다.

하지만 신기술이 활성화되어가는 단계에서 장애 요인은 늘 있기 마련이다. 최근에는 8K®까지 해상도를 지원하는 360도 VR 카메라가 출시되었고, 디바이스 성능 및 영상 처리 기술은 점차 더 발전하고 있으며, 5G 상용화로 통신 네트워크 속도 또한 빨라져 위와 같은 문제들은 머지않아 해결될 것으로 보인다. 앞으로 VR 기술의 적용과 대중화로 콘텐츠의 진화가 어디까지 이루어질지 흥미롭다.

5G가 가져올 콘텐츠 혁명, 콘텐츠 혁명이 필요한 5G

2019년 4월 3일 밤 11시, 국내 이동통신 3사는 각각 5G 가입자 '1호'를 배출하며 전 세계 최초로 5G 시대를 개막했다. 초고속 · 초대용량 · 초저지연 · 초연결의 특징을 가진 5G는 기존의 4G(LTE)보다 20배 가까이 빠른 데이터 전송이 가능하다. 다시 말해, 러닝타임 100분짜리 영화를 다운로드받는데 4G 통신 네트워크에서 20초가 걸린다면 5G 기반에서는 1초 이하로 시간이 단축된다.

기존 3G에서 4G 네트워크로의 도약이 모바일 뱅킹, 전자상거래를 중심으로 IT 서비스 플랫폼의 대중화를 이뤄냈다면 향후 5G는 동영상 콘텐츠의 품질을 비약적으로 진화시킬 것으로 전망된다. 이러한 측면에서 2019년 5G 상용화는 콘텐츠 산업의 역사에서 중요한 변곡점으로 기록될 것이다.

간발의 차이로 '세계 최초 5G 상용화'라는 타이틀을 놓친 버라이즌Verizon은 2019년 초 개최된 CES 2019에서 5G 기반에서의 저널리즘 진화를 예고했다. 실제로 버라이즌은 〈뉴욕 타임스〉와 5G 저널리즘 연구소를 준비하고 있다. 〈뉴욕 타임스〉 CEO 마크 톰슨Mark Thompson은 '뉴스가 생겼을 때 현장에서 바로 보도하는 것', 즉 즉시성을 5G 저널리즘의 목표라고 언급하며, 5G가 저널리즘의 스토리텔링 방식을 다음 단계로 이끌어 줄 것이라 확신했다.

세계 최초로 5G 시대를 개막한 국내 이동통신사들은 어떨까? LG유플러스는 국내외 콘텐츠 선도 기업들과의 제휴를 통해 AR·VR 서비스뿐만 아니라 클라우드 게임까지도 분야를 확대해나가는 등 5G 콘텐츠 도입에 적극적이다. LG유플러스는 CES 2019에서 구글과 VR 콘텐츠 공동 제작 계획을 발표했으며, 현재까지 제작된 콘텐츠는 U+VR 앱을 통해 제공되고 있는데 고객들은 '얼굴천재' 차은우와 데이트하는 〈스타데이트〉와 같은 독점 콘텐츠 뿐만 아니라, 공연·여행·게임·영화·웹툰 등 300편이 넘는 초고화질 VR 영상을 실감할 수 있다. 또한 핀란드의 게임 스트리밍 서비스 업체 해치Hatch 엔터테인먼트와도 독점 공급 양해 각서를 체결하며 5G 기반의 모바일 게임과 클라우드 게임 영역으로까지 진출하고 있다.

현재 국내외 이동통신사들은 5G 상용화와 더불어, 4G 환경에서 전달이 어려웠던 기술 기반(초고화질, AR, VR 등)의 콘텐츠 확보에 여념이 없다. 일반적으로 5G 네트워크는 대용량 콘텐츠를 초고속으로 지연 없이 시청할 수 있는 환경으로 알려졌지만, 새로운 네트워크 환경에서

● 에스타일 기술이 적용된 〈아육대〉 멀티뷰 서비스. 방송에 나가지
  않는 화면도 동시에 볼 수 있다.

어떤 형태의 콘텐츠가 대중의 인기를 견인할 것인지는 여전히 실험해
가는 중이다.

　실례로 2019년 9월 SK텔레콤에서 상용화한 에스타일S-Tile 기술
의 경우, 10여 개의 VOD 콘텐츠를 단 0.01초의 오차도 없이 분리하고
조합해서 마치 타일을 이어 붙이듯이 전송한다. 5G 네트워크 환경에
서 다양한 각도의 시청이 요구되는 프로야구·e스포츠·뮤직·게임 등
의 콘텐츠에 에스타일 기술을 적용하면, 내가 원하는 것을 원하는 각
도에서 볼 수 있는 것이다. 명절마다 200명이 넘는 아이돌(총 42팀)이 7
개 종목에서 기량을 겨루는 MBC 예능 〈아이돌 스타 육상 선수권 대회
〉(약칭 아육대)의 경우, 출연진 규모가 크기 때문에 불가피하게 방송으
로 나가는 화면은 제한적이다. 예를 들어, 남자부 육상 대회 결승전에
서 카메라가 1레인 선수를 비춘다. 하지만 그 순간에도 카메라에 잡히
지 않는 6레인 선수를 보고 싶다거나, 육상 경기 말고 동 시간대 진행
되는 트와이스의 양궁 경기를 보고 싶다는 니즈가 있는 것이다. 이에

대해 MBC 관계자는 본인이 원하는 아이돌 멤버의 일거수일투족을 모두 보고 싶어하는 시청자들의 무수한 의견을 수렴하기 위해 에스타일 기술 기반의 콘텐츠를 기획했다고 밝혔다.

영상 콘텐츠에 AR 데이터가 결합되는 시나리오도 상상해볼 수 있다. 예를 들어 자주 들르는 대형 마트의 와인 코너에서 즐겨 찾는 와인에 모바일 AR 앱을 작동시키면 동일한 와이너리에서 생산한 다른 와인을 소개하는 식이다. 뿐만 아니라 가격, 판매대 위치까지 설명해준다. 마찬가지로 한우를 구매할 때는 같은 농가에서 생산된 다른 식품이나 관련 육고기 레시피를 보여줄 수도 있다.

과거에 데이터 전달에만 급급했던 3G 환경이 영상을 실어 나를 정도의 4G 환경으로 진화했다면, 5G 환경에서는 영상 콘텐츠와 수만 가지 데이터의 결합을 조금의 지연도 없이 실현시킬 수 있다. 그러나 5G는 기획 단계에서의 콘텐츠 혁명을 필요로 하며, 콘텐츠 혁명이 없다면 네트워크의 진화 수준에 머무를 것이다.

콘텐츠에 더해지고,
콘텐츠를 창작하고,
콘텐츠를 연결하는 AI

AI가 학습하는 과정은 예술 분야의 도제 시스템과 유사하다. 도예가 지망생이 스승 밑에서 흙을 만지는 방법, 작품을 빚어내는 방법, 굽고 완성하는 방법을 모방하면서 배우고, 차차 자신만의 방식을 만들어 작품을 창조해 나가는 프로세스는 AI가 진화해가는 방식과 유사하다. 다만 AI는 이러한 학습 과정을 훨씬 빠르고 광범위하게 할 수 있다는 강점이 있으며 많은 사업자들이 이러한 속도를 기반으로 AI를 자신의 비즈니스에 접목해나가는 중이다. 아직은 보편적으로 활용되는 수준은 아니지만, 다양한 콘텐츠와 융합되며 실생활에 빠르게 스며들고 있다.

콘텐츠와 AI의 융합을 AI의 역할에 따라 세 가지 유형으로 나눠볼 수 있다. 첫 번째는 '콘텐츠 어시스턴트'로, 시청자에게 콘텐츠와 콘텐츠를 분석한 정보까지 동시에 제공하며 시청 경험을 풍부하게 하는 역할이다. 두 번째는 '콘텐츠 크리에이터' 역할이다. 사실, 창작은 AI가 침범할 수 없는 영역으로 인식되며 상대적으로 AI의 영향을 가장 적게 받을 것으로 예상되었지만, 최근 쉽게 접할 수 있는 AI 뉴스 등은 크리에이터 영역에서의 가능성을 기대하게 한다. 마지막은 '콘텐츠 인터페이스'의 역할이다. 아마존의 알렉사^{Alexa} 같은 AI 비서는 사용자와의 교감을 통해 다양한 콘텐츠에 접근할 수 있게 하며, 서로 다른 기기를 연결하는 포털의 역할을 수행한다. 이 세 가지 관점에서 콘텐츠와 AI가 어떻게 융합되는지 살펴보자.

콘텐츠 어시스턴트

콘텐츠 어시스턴트의 관점에서 AI기술을 가장 효과적으로 적용하고 있는 장르는 스포츠다. 스포츠 중계는 실시간 콘텐츠이기 때문에 AI를 적용하기는 다소 까다롭다. 하지만 스포츠 시청과 동시에 경기 내용이나 선수 정보를 제공할 수 있다면 차별화 포인트가 될 수 있기에, 최근 다수의 미디어 사업자들이 AI 기술을 실험적으로 도입하고 있다.

폭스스포츠는 홈페이지와 모바일 앱을 통해 2019년 6월, 프랑스에서 개최된 제8회 FIFA 여자 월드컵 경기 중계에 AI 기술을 활용한 플레이어 스포트라이트^{Player Spotlight}를 선보였다. IBM이 개발한 AI 기반 분석 서비스인 IBM 왓슨^{Watson}이 적용된 플레이어 스포트라이트는 현재 진행되고 있는 축구 경기에 대한 정보를 수집하고 분석해, 실시간 경기와 동시에 경기에 대한 구체적인 정보를 제공할 수 있다. 일반적인 축구 경기 중계의 경우, 경기장에서 사람이 직접 경기 정보를 집계

〈플레이어 스포트라이트의 활용 예시〉

"SHOW THE PLAYERS THAT ARE INVOLVED THE MOST FOR ENGLAND"

"지금 경기에서 가장 활약이 큰 영국팀 선수를 알려줘"

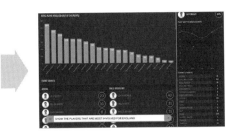

"WHAT IS THE PASS NETWORK FOR FRANCE SHOTS?""

"프랑스팀의 슈팅 전 패스 루트를 알려줘"

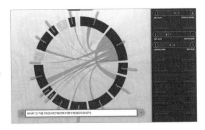

"SHOW THE PASS HEATMAP FOR LINDSEY HORAN"

"린지 호란 선수의 패스 움직임을 히트맵 방식으로 보여줘"

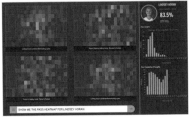

하고 입력하는 과정을 거쳐 중계 화면에 출력되기 때문에, 중계 화면에서 얻을 수 있는 정보는 많지 않을 뿐만 아니라, 정보의 수준도 점수, 유효 슈팅 수와 같이 단편적인 빈도에 지나지 않는다. 반면, 플레이어 스포트라이트는 선수의 활동량과 패스, 골, 킥, 태클, 반칙, 공 점유율 등 다양한 정보를 실시간으로 수집해 풍부한 경기 데이터를 구축하고, 곧바로 이러한 정보를 가공하고 연산하여, 선수별 기여도, 패스 전략

등의 분석 결과를 실시간으로 제공함으로써 축구팬들의 환심을 샀다. 이용 방법 또한 편리하다. 가령 사용자가 영국팀의 실시간 축구 중계를 시청하면서 현재 가장 기여도가 높은 선수를 확인하고 싶을 경우, 플레이어 스포트라이트 플랫폼에 그림과 같이 "지금 경기에서 가장 활약이 큰 영국팀 선수를 알려줘" 처럼 대화체로 질문을 하면, 그래프 형태로 시각화하여 결과를 보여주는 방식이다.

그럼 이제 국내 사례를 살펴보자. IPTV 서비스를 제공하는 B tv는 지난 2019년 3월에 AI 영상 인식 기술을 기반으로 콘텐츠 정보를 제공하는 'B tv 인사이드'라는 기능을 선보였다. 다음은 영화 〈강철비〉에 B tv 인사이드를 사용해 본 예다. 각각 남한의 철우, 북한의 철우를 연기한 배우 정우성과 곽도원이 허름한 식당에서 비빔국수와 깽깽이 국수를 먹는 장면 상단에 배우 정우성의 이름이 나타난다(①). 이름을 클릭하면, 배우 프로필 정보와 그의 출연 작품들이 최신 순서대로 TV 화면에 펼쳐진다(②,③). 그런데 여기까지는 영화 시청 중 번잡스럽게 스마트폰 검색을 할 필요를 없애 준 것으로, 어찌 보면 약간 편리해진 정도에 불과하다. B tv 인사이드는 이에 더해, 특정 배우가 등장하는 장면만을 선별적으로 보여줄 수도 있다. 예를 들어 영화 〈강철비〉 내에서도 원한다면 정우성이나 곽도원이 등장하는 장면만을 골라볼 수 있는 것이다(④).

아직은 인물 정보에 기반한 서비스만 제공되지만, 향후 장소와 사물에 대한 정보 제공까지 확대될 경우, 영화 〈올드보이〉의 장도리 액션 장면, 영화 〈변호인〉의 마지막 변론 장면, 드라마 〈미스터 션샤인〉의 '건, 글로리, 새드 엔딩' 에피소드처럼 시청자가 매 순간 원하는 장면만을 순식

〈영상 콘텐츠에 AI가 접목된 영화 〈강철비〉 장면〉

① 인물 등장 알림

② 인물 정보 제공

③ 출연 작품 정보 제공

④ 인물 등장 장면

간에 골라주어 시청 경험을 풍부하게 해줄 것이다. 또한 사물에 대한 AI 인식 기능이 고도화되면 미디어 커머스 같은 새로운 비즈니스 모델의 확장 또한 본격적으로 시작될 것이다. 영화에 등장하는 비빔국수 가게의 위치를 한두 번의 리모컨 조작만으로 알게 되고, 내 주변의 비빔국수 맛집을 찾아 배달 주문까지 할 수 있게 되는 것이다.

또한 AI는 사람처럼 뉴스를 진행하거나 상품을 판매하기도 한다. 국내 AI 스타트업 회사인 머니브레인은 2019년 7월, 실제 아나운서와 같은 말투와 억양뿐 아니라 표정 등 세세한 움직임까지도 표현할 수 있는 'AI 아나운서'를 중국, 미국에 이어 세계에서 세 번째로 개발했다. 이 기술은 뉴스뿐 아니라, 소셜 커머스나 광고 등에서도 수요가 높아질 것으로 보인다. 11번가, 쿠팡 같은 커머스 플랫폼들은 현재 수천만 개에 이르는 상품들을 이미지, 텍스트 위주로 소개하고 있지만 이같은 기술을 활용하게 되면 마치 백화점에서 매장 직원에게 직접 제품 설명을 듣는 것 같은 경험을 고객에게 제공할 수 있다. 이렇게 향후 기술이 진화하면 손오공이 분신술을 사용하듯, 바쁜 연예인들을 대신해서 AI 아바타가 팬들과 실시간으로 소통하는 상상이 현실화될 수도 있다. AI 기술이 접목된 콘텐츠의 범위는 점차 넓어지고 있다.

콘텐츠 크리에이터

두 번째는 콘텐츠를 직접 제작하는 '콘텐츠 크리에이터' 역할이다. 앞서 언급한 것처럼 콘텐츠의 창작, 즉 '크리에이티브' 영역은 AI가 감히 침범할 수 없는 영역이라고 인식되어 왔지만, 최근 사례들을 보면 꼭 그렇지만은 않아 보인다. 2015년 9월, 한국언론진흥재단 연구센터는 흥미로운 설문을 진행했다. 사람들에게 전문 기자가 작성한 기사와 로봇이 작성한 기사를 보여주며 작성 주체가 누구인지를 맞히게 하는 질문이었는데, 설문에 참여한 일반인 600명, 기자 164명 중에서 정답을 맞힌 사람은 절반(일반인은 46%, 기자는 53%의 정답률을 보임)에 그쳤다. AI의 콘텐츠 창작 수준이 지금에 못 미쳤을 4년 전이었음에도 누가 기사를 썼는지 구별하는 것이 사실상 어려웠다는 얘기다.

위의 설문에 사용되었던 로봇 기사는 100% AI 알고리즘을 통해 창작되었다. AI가 일련의 객관적 정보와 수치 데이터를 처리해 가독 가능한 콘텐츠로 생산해 낸 것이다. 창작의 영역에서 AI를 활용할 수 있는 가장 첫 단계는 비교적 짧고 직접적인 정보전달형 콘텐츠를 자동으로 생성하도록 하는 것이기에, 대량의 뉴스 콘텐츠를 빠르게 생산해 조금이라도 더 많은 노출과 서비스 유입이 필요한 뉴스 매체에서 가장 먼저 도입했다. 재난 정보, 주가 동향, 기업 실적, 스포츠 경기 결과의 전달에 있어 대표적으로 사용된다.

우리가 익히 알고 있는 〈워싱턴포스트〉, 〈포브스〉, 〈AP통신〉 같은 기업에서는 이미 AI를 사용해 앞서 소개한 것처럼 뉴스를 생산하고 있다. 〈워싱턴포스트〉는 2016년에 그들이 자체 개발한 AI 기자 헬리오그래프Heliograf를 브라질 리우 올림픽에서 처음으로 선보이며, 경기 스코어나 선수 기록 등의 간단한 정보성 기사를 실시간 속보로 담당하도록 했다. 〈워싱턴포스트〉는 헬리오그래프를 통해 1년간 약 850건의 기사를 발행했는데, 그중 선거 기간 동안 생산된 500여 건의 기사는 50만

회 이상의 조회 수를 올렸다. 국내에서는 2014년에 서울대학교 언론정보학과 hci+d랩에서 개발한 알고리즘을 통해 프로야구 경기 결과를 전하게 된 것이 저널리즘 영역에서 최초의 로봇 서비스이며, 이후 국내 언론사들로 그 활용이 확대되어 가는 중이다.

AI 알고리즘의 기술적 수준과 안정성이 높아지면서 기사의 양이 많아지고, 빅데이터 분석이 가미되면서 글의 품질 또한 향상되고 있다. 최근에는 기업 간 거래에서 주로 쓰는 산업계 리포트나 백서 등에도 AI 알고리즘이 빠르게 적용되며 배포되고 있다. 2018년 가트너^{Gartner} 보고서에 따르면, 2020년까지 산업계 콘텐츠의 20%가 AI에 의해 작성될 것이라고 한다. 아직 AI가 생산하는 콘텐츠는 정보 전달을 중심으로 하는 정형화된 기사들에 머물러 있지만, 지속적인 알고리즘 학습을 통해 머지않아 소설이나 시, 영상 콘텐츠까지도 AI가 창작하는 날이 온다고 하니, 오로지 인간만이 할 수 있는 감성 창작이라는 고유 영역까지 뺏기는 것은 아닐까 두렵다.

콘텐츠 인터페이스

마지막은 '콘텐츠 인터페이스'다. 영화 〈아이언맨〉의 자비스^{JARVIS} 처럼, 다양한 디지털 정보를 연결하고 결합해서 사람이 쉽게 활용할 수 있도록 도움을 주는 콘텐츠 인터페이스 기능은 2014년에 아마존의 AI 스피커인 에코가 출시되면서 본격적으로 우리의 일상에서 존재감을 드러내기 시작했다. 잠들기 전에 말로 알람을 맞춰달라 요청하면 시간에 맞춰 깨워주고, 일어나면 날씨를 알려준다. 우울할 때는 기분에 맞춰 자동으로 음악을 재생한다. 이러한 음성 콘텐츠 외에도, 스크린과 결합해 영상 콘텐츠를 추천하고 보여주기도 한다. 에코의 AI 비서인 알렉사Alexa는 아마존 파이어Fire TV에서 리모컨 없이도 원하는 영상 콘텐츠를 찾고 음악도 재생할 수 있는 기능을 갖췄다. 국내 IPTV사들도 셋톱박스에 AI 스피커 기능을 결합해 단순한 음성 안내뿐 아니라 시각적인 서비스까지 제공하고 있다. 예를 들어 사용자가 '올림픽 공원에서 을지로까지 가는 길을 알려줘'라고 명령하면, 경로에 대한 음성 안내와 함께 TV 화면에 실제 지도를 띄워서 보여준다.

이제 상상력을 발휘해보자. AI는 과연 콘텐츠 인터페이스의 역할을 얼마나 수행할 수 있을까? 적어도 가까운 미래에는 음성 명령을 인식하는 수준에서 벗어나기는 어려워 보인다. 하지만 향후에 시각, 생체, 제스처, 감정까지 인터페이스 영역이 확장되면 우리도 정말 자비스같은 훌륭한 집사를 얻게 될지 모른다. 영화 속 캐릭터일 뿐이지만 자비스는 내가 처한 모든 상황을 인식하고, 음성만으로 우리 집 내외부의 다양한 기기와 콘텐츠를 연결하며, 감정 표현에 적절하게 응대하는 수준까지 가능하다. 현재로서는 자비스가 다소 먼 미래의 얘기로 느껴지지만, 결국 콘텐츠 인터페이스의 지향점은 동일하다. 금융, 헬스케어, 자동차 등 광범위한 산업 분야에서 이종 콘텐츠 간 연결을 지속·확대하여 새로운 형태의 콘텐츠를 파생시키고, 집안에서 뿐만 아니라 자동차 등 다양한 공간에서 콘텐츠에 접근할 수 있게 해주는 것이다. 실제로 알렉사는 2017년 3월, 미국 최대 의료 포털 사이트 웹닥터WebMD의 데이터베이스와 연계해 사람들에게 의학 질문에 대한 답변을 제공하고 있다. 한편, 벤츠는 구글 홈을 통해 차량을 제어하는 서비스를 제공 중이다. 이렇듯, 아마존이나 구글처럼 AI 기반의 콘텐츠 인터페이스 기술을 보유한 거대 IT 사업자들은 AI가 기여할 수 있는 콘텐츠 영역을 지속적으로 확장하면서 입지를 견고히 하고 있다. 이러한 트렌드는 더욱 가속화되어 기술을 가진 콘텐츠 사업자와 가지지 못한 콘텐츠 사업자 간에 양극화는 더욱 심화될 것이다.

지금까지는 콘텐츠를 만들고 보는 대부분의 과정에 인간의 개입이 필요했으나, 앞서 살펴본 것처럼 이제 AI는 콘텐츠의 시청 경험을 풍부하게 하고(콘텐츠 어시스턴트), 직접 콘텐츠를 창작하며(콘텐츠 크리에이터), 다양한 콘텐츠를 연결하고 사용자와 교감하는(콘텐츠 인터페이스) 방식으로 융합하고 진화하면서 세상을 바꾸고 있다.

물론 AI의 취약점도 존재한다. 바로 AI가 수집하는 개인 정보에 대한 문제인데, 수집된 데이터 악용 등의 문제를 방지하기 위해서는 기술 기반 마련에 더해 정부 차원의 법적, 제도적 시스템을 함께 갖춰 나가야 할 것이다. 물론 지나친 규제는 산업 발전을 저해할 수 있기 때문에 이에 대한 논의도 사회적 차원에서 병행되어야 한다.

현재 콘텐츠 산업에서 AI의 활용은 필연적인 흐름으로 자리 잡고 있다. AI 기술이 콘텐츠 진화의 필요충분조건이 된 것이다. 콘텐츠와 AI의 만남은 이제 막 시작되었다.

마치며

2017년 말, 발간된 《유튜브 온리》는 유튜브를 중심으로 커져가는 모바일미디어 생태계에서 현재의 사업자 움직임을 보고 타 산업들과의 결합이 고려된 모바일 미디어의 미래를 예측했었다. 이러한 트렌드와 연계하여 2020년 이후를 전망한 《콘텐츠가 전부다》는 그간의 국내외 미디어시장 변화를 짚어내면서 각양각색의 미디어 판에서 콘텐츠 본연의 속성들이 왜, 어떻게, 얼마나 그리고 무엇과 함께 작용하며 상생하는지를 중점적으로 살펴본 책이다.

책에 기록된 다량의 수치들은 공신력 있는 기관의 자료를 인용하거나 논리에 기반한 추정으로 산출하였으나, 그외 구조화된 진단이나 미래 방향성과 관련된 내용들은 해당 영역의 전문 집단이나 일부 독자들의 의견과 다를 수 있을 것이다. 즉, 반대의 논리나 제언이 있다면 자유롭게 소통해주기를 청하는 바이다(저자 3인의 이메일 참고).

Chapter 1, Chapter 2, Chapter 3, Chapter 4 :

노가영 ngy0317@naver.com

Chapter 5, Chapter 7 : 김정현 hyeon.gim89@gmail.com

Chapter 6, Chapter 8 : 조형석 hyungseok.jo@gmail.com

이번 작업을 통해 저자들은 세상에서 가장 어려운 일 중 하나가 '생각의 일치'라는 점을 부딪혀가며 알게 되었으나, 그럼에도 하나씩 물꼬를 터갈 때마다 희열을 느끼게 해준 서로를 칭찬하며 상호 훌륭한 파트너였음을 인정한다. 그리고 책의 제목이 말해주듯이, 《콘텐츠가 전부다》가 콘텐츠와 스토리텔링이 최우선시되는 지금, 각자의 영역에서 달려가는 직장인들은 물론이고 미디어 플랫폼과 디지털 콘텐츠 산업에서 새로운 도전을 준비하거나 ICT산업에서 다양한 기회를 열어두고 진로를 고민하는 청년들에게 현재를 진단하고 미래를 예측하며 스스로의 의지를 다지는 데 나침반이 되기를 희망한다.

마지막으로 저자들은 Super Ego, Jin, 조덕진님, 김수동님, 소점자여사, 최서은여사, 김녀나님 그리고 Suger & Yulmoo와 김동희대표님께 가장 큰 고마움을 전한다.

콘텐츠가 전부다

'콘텐츠 온리'의 시대
콘텐츠를 가진 자가 세상을 가진다

초판 1쇄 발행 2020년 1월 7일
초판 6쇄 발행 2020년 6월 1일

지은이 노가영 · 조형석 · 김정현
펴낸이 성의현
펴낸곳 미래의창

책임편집 김성옥 · 김태희
마케팅 연상희 · 황현욱 · 김지훈 · 이보경

등록 제10-1962호(2000년 5월 3일)
주소 서울시 마포구 잔다리로 62-1 미래의창빌딩(서교동 376-15, 5층)
전화 02-338-5175 **팩스** 02-338-5140
ISBN 978-89-5989-625-7 03320

※ 책값은 뒤표지에 있습니다. 잘못된 책은 바꿔 드립니다.

이 도서의 국립중앙도서관 출판예정도서목록(CIP)은 서지정보유통지원시스템 홈페이지(http://seoji.nl.go.kr)와 국가자료공동목록시스템(http://www.nl.go.kr/kolisnet)에서 이용하실 수 있습니다.(CIP제어번호: CIP2019052221)

미래의창은 여러분의 소중한 원고를 기다리고 있습니다. 원고 투고는 미래의창 블로그와 이메일을 이용해주세요. 책을 통해 여러분의 소중한 생각을 많은 사람들과 나누시기 바랍니다.
블로그 miraebookjoa.blog.me 이메일 mbookjoa@naver.com